몽골인을 위한 알기 쉬운
한국어 초급 문법 I

Монгол хүнд зориулсан Солонгос хэлний анхан шатны дүрмийн

цогц тайлбар I

KB092279

셀익잔(Syerikjan)

창신대학교   소방방재공학과 조교수
             유학생지원센터장

주요 저서   Tandem으로 즐기는 글로벌 문화 커뮤니케이션(신아사)

한국어 교육 경력
한국어교원 2급
2017. 3 ~ 현재 창신대학교 한국어 교양과목 강의
              한국어교육센터 한국어 강의

이길연(Li jilian)

창신대학교   중국비즈니스학과 부교수
             국제교류원장, 한국어교육센터장

주요 저서   외국어교수학습법(박이정출판사)
             한국어능력시험 문법 초급/중급(박이정출판사)
             기초한국어 종합편(이레웍스) 외 다수

한국어 교육 경력
한국어교원 2급
1999. 3 ~ 2002. 2 중국 길림외국어대학교 한국어학과 교수
2003. 3 ~ 현재   한국 창신대학교 한국어 교과목 강의

몽골인을 위한 알기 쉬운
한국어 초급 문법 I

Монгол хүнд зориулсан Солонгос хэлний анхан шатны дүрмийн
цогц тайлбар I

초판 인쇄 2023년 2월 8일
초판 발행 2023년 2월 15일

지은이   셀익잔(Syerikjan), 이길연(Li jilian)
펴낸이   박찬익
편집   이기남
책임편집   권효진
펴낸곳   ㈜**박이정**   │주소 경기도 하남시 조정대로 45 미사센텀비즈 F827호
전화   031-792-1195   │팩스 02-928-4683
홈페이지   www.pjbook.com   │이메일 pijbook@naver.com
등록   2014년 8월 22일 제2020-000029호
ISBN   979-11-5848-860-4 (13710)
책값   15,000원

몽골인을 위한 알기 쉬운
한국어 초급 문법 I

셸익잔·이길연

Syerikjan·Li jilian

———————

Монгол хүнд зориулсан Солонгос хэлний анхан шатны дүрмийн
цогц тайлбар I

박이정

머리말

최근 10년을 살펴보면, 한국과 몽골 양국 간의 교류 협력이 여러 분야에서 지속적으로 증대됨에 따라 몽골인들의 한국에 대한 관심과 한국어 학습 열기가 점차 높아지고 있다. 또한 몽골인들의 한국어 학습에 대한 관심과 수요가 높아짐에 따라 한국어 교육과정과 교재를 지금보다 더 몽골인의 특성에 맞추어 개발해야 하는 필요성이 대두하기 시작했다.

이에 저자도 최근 10여 년 간 몽골인들 대상으로 한국어 교육을 실시해 왔던 경험과 지식을 바탕으로 본 교재를 집필하게 되었다.

본 교재를 개발하기 전에 한국에서 유학하기 위해 한국어를 학습 중인 몽골인 학생들이 주로 어떤 한국어 교재를 사용하는지, 또한 한국어를 배우는 동안 어떠한 학습적인 어려움들이 있었는지 조사 해 본 결과는 다음과 같았다.

첫째, 한국에서 한국어 교육을 실시하는 대학들의 대부분은 '서울대 한국어'를 사용하고 있으며, 일부 대학들은 '연세대 한국어'나 '몽골인을 위한 종합 한국어' 등의 교재를 사용하고 있다.

둘째, 한국어를 배우면서 가장 큰 어려움은 한국어 문법에 대한 이해와 문법 표현 및 사용에 대한 문제이다. 또한 한국어 쓰기 부분도 몽골인이 한국어를 어려워 하는 부분이라고 할 수 있다.

이에 따라 본 교재는 위와 같은 문제점들을 고려하여 몽골인의 언어적 특성과 현장성을 충실히 반영하고자 개발되었다.

본 교재의 특성은 한국어를 가르치는 기관이나 대학들이 주로 사용하는 '서울대 한국어', '연세대 한국어', '몽골인을 위한 종합 한국어' 등의 교재들을 분석한 결과를 토대로 한국어 초급 학습과정에서 가르치는 문법들을 몽골어로 설명하고, 문법에 대한 이해와 올바른 문법 표현 연습과 문법을 활용한 쓰기 능력을 향상시킬 수 있도록 체계적으로 구성하였다.

본 교재는 한국어 초급 과정에서 가르치는 64개 문법에 대한 몽골어 설명과 192개 연습 문제로 구성되었다.

많은 노력 끝에 개발된 본 교재가 몽골인들의 한국어 학습과 한국어 능력 향상에 많은 도움이 될 것으로 기대한다.

이 책이 완성되기까지 큰 힘이 되어 준 창신대학교 국제교류원 식구께 진심으로 감사드리고 늘 함께 해 준 우리 가족에게 고마운 마음을 전한다.

2023. 01. 30.
창신대학교 국제교류원에서
저자 일동

Өмнөх үг

Сүүлийн арван жилд Солонгос улс болон Монгол улсын хамтын ажиллагаа өргөж тэл эхийн хэрээр тус улсад суралцах, солонгос хэл сурах хүсэлтэй залуучуудын тоо улам бүр нэмэгдэж байна. Үүнийг дагаад Монгол хүний онцлогт суурилуулсан солонгос хэлн ий сурах бичгийг бий болгох шаардлага үүсэж байгаа гэж хэлж болно.

Уг шаардлагыг харгалзан үзэж бид сүүлийн арван жил Монгол оюутнуудад солонгос хэл заасан хугацаандаа хуримтлуулсан туршлага дээр үндэслэн уг сурах бичгийг зохион хэвлэж гаргалаа.

Уг сурах бичгийг зохиохоос өмнө тус улсад суралцахаар ирсэн Монгол орны оюутнуу д голчуу ямар солонгос хэлний ном, сурах бичгийг ихэвчлэн ашигладаг талаар, мөн оюу тнууд солонгос хэл сурахад ямар төрлийн бэрхшээлүүд тулгардаг эсэхэд дүн шинжилгэ э хийж дараах дүгнэлтэд хүрлээ.

Нэгдүгээрт Солонгос хэл сурч буй Монгол оюутнуудын дийлэнх хувь нь Сөүлийн их сургуулиас эрхлэн гаргадаг "СИС-ийн Солонгос хэл" сурах бичгийг ашигладаг байна. Зарим нэг их дээд сургуулиудын хувьд Йонсей их сургуулийн Солонгос хэлний сурах бичиг болон Монгол хүнд зориулсан солонгос хэлний цогц сурах бичгийг ашигладаг байна.

Хоёрдугаарт Монгол оюутнууд солонгос хэл сурах явцад хамгийн их тулгардаг бэрх шээл бол солонгос хэлний дүрмийн тухай ойлголт, дүрмийн зөв хэрэглээ гэдийг олж мэдлээ. Харин дараагийн тулгардаг бэрхшээл нь солонгос хэлний бичих чадварыг эзэмш ихэд тулгардаг байна.

Иймээс бид суралцагчдын хүсэлт шаардлагыг үндэслэн, солонгос хэл сурахад тулгард аг бэрхшээлийг судалж мэдсэний хувьд Монгол оюутуудын онцлогт таруулсан "Монгол хүнд зориулсан солонгос хэлний анхан шатны дүрмийн цогц тайлбар" сурах бичгийг зохион бүтээлээ.

Уг сурах бичгийн давуу тал нь дээр дурдсан их дээд сургуулиудын хамгийн их ашигл адаг сурах бичиг "СИС-ийн Солонгос хэл", "Йонсей их сургуулийн Солонгос хэл", "Мон гол хүнд зориулсан солонгос хэлний цогц сурах бичиг"-т тусгасан солонгос хэлний анх ан шатны дүрэм, нөхцөлүүдийг цогц байдлаар тайлбарласан болно. Мөн дүрмийг яриан даа болон бичих үйл явцад зөв хэрэглэх, дүрмийг богино хугацаанд ойлгож өөрийн болг ох зорилгоор системчилсэн бичих дасгалуудын тусгасан болно.

Энэхүү сурах бичигт анхан шатны солонгос хэлний хичээлүүдэд заадаг 64 дүрмийн монгол тайлбар, уг дүрмүүдийг өөрийн болгоход туслах 192 дасгал ажил тусгагдсан бол но.

Бидний нөр их хүч хөдөлмөрийн үр шим болсон тус сурах бичиг нь монгол оюутнуу дын солонгос хэл сурах, хэлний чадвараа дээшлүүлэхэд чухал хувь нэмэр болно гэдэгт итгэлтэй байна.

Солонгос хэл сурч буй та бүхэнд сурлагын өндөр амжилтыг хүсье.

2023. 01. 30.

ГАРЧИГ 차례

Сурах бичиг хэрэглэх заавар 일러두기

Монгол хүнд зориулсан Солонгос хэлний анхан шатны дүрмийн цогц тайлбар сурах бичиг нь нийт 8 хичээлээс бүрдэнэ.

Хичээл тус бүрд тухайн хичээлийн "Хичээлийн зорилт", "Дүрмийн тайлбар", "Дүрмийн илэрхийлэл", "Бичих дадал" гэсэн дадлага, ажилбаруудорсон болно.

'몽골인을 위한 알기 쉬운 한국어 초급 문법'은 총 8과로 구성되어 있고, '학습 목표', '문법 설명', '문법 표현', '문법 쓰기 연습'으로 구성되어 있으며 세부내용은 다음과 같다.

Хичээлийн зорилт 학습 목표

- Хичээлийн зорилт хэсэгт тухайн судлах хичээлийн агуулгыг хураангуйлан үзүүлснээр суралцагчид тухайн хичээлийг зорилт болон судлах дүрмийн талаар мэдээлэлтэй болно.
  영역별 학습목표와 내용을 제시한다.

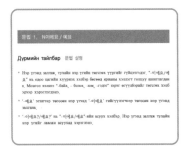

Дүрмийн тайлбар 문법 설명

- Дүрмийн тайлбар хэсэгт, нэг хичээлд дөрвөн дүрэм байхаар төлөвлөж, дүрмийг монгол хүний сурах арга барилыг харгалзан "утга-үүрэг-хэлбэр"ийн талаас нь дэлгэрэнгүй тайлбарласан болно.
  문법에 대한 용법을 자세하게 설명하고 예시 통해 목표 문법의 의미를 이해 시킨다.

Дүрмийн илэрхийлэл   문법 표현 연습

- Дүрмийн илэрхийлэл хэсэгт судалж буй дүрмийг солонгос-монгол хэлээр харьцуулсан байдлаар унших, ярих, харилцан ярилцах зэрэг аргуудыг ашиглан тухайн дүрмийг олон талаас нь хэрэглэж, өөрийн болгох агуулгаар бэлтгэсэн.

  문법에 대한 용법을 자세하게 설명하고 예시 대화, 예문, 번역문을 통해 목표 문법의 의미를 이해하고 형태변화를 알 수 있도록 하며 문법사용 능력을 향상시킨다.

Бичих дадал   문법 활용 연습과 쓰기 연습

- Бичих дадал хэсэгт судалж буй дүрмийг ашиглан нөхөж бичих, өгүүлбэрийг гүйцээж бичих, асуултад хариулах зэрэг бичих ажилбаруудыг гүйцэтгэнэ.

  유의미한 쓰기 연습을 통해 문법 사용 능력과 글쓰기 능력을 향상시킨다.

- Мэдлэгээ бататгая.

  자기 평가하기

- Хичээл дээр судалсан дүрмээ хэр сайн ойлгож авснаа шалгаж, үзсэн дүрмийг ашиглан өгүүлбэр зохиож багштай хянуулна.

  배운 문법들을 얼마나 이해했는지 확인하도록 한다.

Хичээлийн зорилт
학습 목표

문법 1. N이에요/예요
- Дүрмийн тайлбар (문법 설명)
- Дүрмийн илэрхийлэл (문법 표현 연습)
- Бичих дадал (문법 활용 연습과 쓰기 연습)

문법 2. N입니까? N입니다
- Дүрмийн тайлбар (문법 설명)
- Дүрмийн илэрхийлэл (문법 표현 연습)
- Бичих дадал (문법 활용 연습과 쓰기 연습)

문법 3. N은/는
- Дүрмийн тайлбар (문법 설명)
- Дүрмийн илэрхийлэл (문법 표현 연습)
- Бичих дадал (문법 활용 연습과 쓰기 연습)

문법 4. N이/가 아닙니다
- Дүрмийн тайлбар (문법 설명)
- Дүрмийн илэрхийлэл (문법 표현 연습)
- Бичих дадал (문법 활용 연습과 쓰기 연습)

Дүрмийн тайлбар 문법 설명

- Нэр үгэнд залгаж, тухайн нэр үгийн төгсгөх үүргийг гүйцэтгэдэг. "-이에요/예요" нь одоо цагийн хүүрнэх хэлбэр бөгөөд ярианы хэллэгт голцуу ашиглагдан а. Монгол хэлнээ "-байх, - болох, -юм, -гэдэг" зэрэг өгүүлбэрийг төгсгөх хэлб эрээр хэрэглэгдэнэ.

- '-예요' эгшгээр төгссөн нэр үгэнд '-이에요' гийгүүлэгчээр төгссөн нэр үгэнд залгана.

- '-이에요?/예요?' нь "-이에요/예요"-ийн асуух хэлбэр. Нэр үгэнд залгаж тухайн нэр үгийг лавлан асуухад хэрэглэнэ.

Дүрмийн илэрхийлэл 문법 표현 연습

벌드예요.	Болд гэдэг.
학생이에요.	(Би) Оюутан.
선생님이에요.	(Би) Багш.
몽골 사람이에요.	(Би) Монгол хүн.
의사예요?	(Та) эмч үү?
회사원이에요?	(Та) компаний ажилтан уу?
한국 사람이에요?	(Та) Солонгос хүн үү?
여기는 창신대학교예요?	Энэ газар Чангшин их сургууль уу?

Бичих дадал 문법 활용 연습과 쓰기 연습

연습 1

Тохирох нөхцөлийг сонгож зааврын дагуу бичнэ үү.
알맞은 것을 골라서 보기와 같이 쓰세요.

> **보기**　　　　책상(이에요 / 예요). → 책상이에요.

---

(1) 선생님(이에요 / 예요).　　→ _____

(2) 우유(이에요 / 예요).　　→ _____

(3) 모자(이에요 / 예요).　　→ _____

(4) 바지(이에요 / 예요).　　→ _____

(5) 사과(이에요 / 예요).　　→ _____

(6) 시계(이에요 / 예요).　　→ _____

(7) 의자(이에요 / 예요).　　→ _____

(8) 딸기(이에요 / 예요)?　　→ _____

(9) 지갑(이에요 / 예요)?　　→ _____

(10) 몽골 사람(이에요 / 예요)?　→ _____

(11) 일본(이에요 / 예요)?　　→ _____

(12) 요리사(이에요 / 예요)?　　→ _____

(13) 프랑스(이에요 / 예요)?　　→ _____

(14) 영국(이에요 / 예요)?　　→ _____

(15) 친구(이에요 / 예요)?　　→ _____

Загварын дагуу өгүүлбэр болгож бичнэ үү.

다음을 보기와 같이 문장을 완성하세요.

보기	
	학생 → 학생<u>이에요</u>. 주부 → 주부<u>예요</u>.

(1) 중국 사람 → _____

(2) 나비 → _____

(3) 구두 → _____

(4) 바다 → _____

(5) 노래 → _____

(6) 연필 → _____

(7) 카자흐스탄 → _____

(8) 대학교 → _____

(9) 한국어 → _____

(10) 외국인 → _____

(11) 유학생 → _____

(12) 식당 → _____

(13) 병원 → _____

(14) 우체국 → _____

(15) 편의점 → _____

Дараах өгүүлбэрийг Солонгосоор орчуулна уу.
다음 문장을 한국어로 번역해서 쓰세요.

(1) Би оюутан. → _____

(2) Би Солонгос хүн. → _____

(3) Тэр хүн Болд. → _____

(4) Миний найз. → _____

(5) Энхмаа герман хүн. → _____

(6) Цэцэг эм зүйч уу? → _____

(7) Монгол хүн үү? → _____

(8) Багш хятад хүн үү? → _____

(9) Чангшин их сургууль уу? → _____

(10) Ном уу? → _____

(11) Харандаа → _____

(12) Дэвтэр → _____

(13) Цайны газар → _____

(14) Номын сан → _____

(15) Их дэлгүүр → _____

Дүрмийн тайлбар 문법 설명

• Нэр үгэнд залгаж, тухайн нэр үгийн төгсгөх үүргийг гүйцэтгэдэг. "입니다" нь одоо цагийн хүүрнэх хэлбэр бөгөөд харилцаж буй хүнийг хүндэтгэх, эелдгээр харьцах үед голцуу ашиглагддаг. Монгол хэлнээ "-байх, - болох, -юм, -гэдэг" зэрэг өгүүлбэрийг төгсгөх хэлбэрээр хэрэглэгдэнэ.

• '-이에요/예요'-ээс ялгаа нь тухайн нэр үгэнд шууд залгаж хэрэглэнэ.

• '입니까?' нь "입니다"-ийн асуух хэлбэр. Нэр үгэнд залгаж тухайн нэр үгийг лавлан асуухад хэрэглэнэ.

Дүрмийн илэрхийлэл 문법 표현 연습

저는 체첵입니다.	Цэцэг гэдэг.
이 사람은 학생입니다.	Энэ хүн Оюутан.
선생님입니다.	(Би) Багш.
몽골 사람입니다.	(Би) Монгол хүн.
은행원입니까?	(Та) Банкны ажилтан у?
학생증입니까?	Оюутны үнэмлэх үү?
한국 사람입니까?	(Та) Солонгос хүн үү?
토마토입니까?	Улаан лоль уу?

Бичих дадал 문법 활용 연습과 쓰기 연습

연습 1

Загварын дагуу өгүүлбэр болгож бичнэ үү.
다음을 보기와 같이 문장을 완성하세요.

> 보기   책상 → 책상입니다.

(1) 러시아   → _____

(2) 말레이시아   → _____

(3) 중국   → _____

(4) 운전기사   → _____

(5) 기숙사   → _____

(6) 대사관   → _____

(7) 지우개   → _____

(8) 칠판   → _____

(9) 과자   → _____

(10) 가위   → _____

(11) 우산   → _____

(12) 가방   → _____

(13) 컴퓨터   → _____

(14) 군인   → _____

(15) 교수   → _____

Загварын дагуу өгүүлбэр болгож бичнэ үү.

다음을 보기와 같이 문장을 완성하세요.

보기　　　　　　　　　학생입니다 → 　학생입니까?

---

(1) 경찰입니다.　　　→ _____

(2) 간호사입니다.　　→ _____

(3) 일본 사람입니다.　→ _____

(4) 가수입니다.　　　→ _____

(5) 노래방입니다.　　→ _____

(6) 여기는 서점입니다. → _____

(7) 비행기입니다.　　→ _____

(8) 텔레비전입니다.　→ _____

(9) 한국어 책입니다.　→ _____

(10) 변호사입니다.　　→ _____

(11) 대학교입니다.　　→ _____

(12) 시장입니다.　　　→ _____

(13) 교실입니다.　　　→ _____

(14) 커피입니다.　　　→ _____

(15) 사전입니다.　　　→ _____

Дараах өгүүлбэрийг Солонгосоор орчуулна уу.
다음 문장을 한국어로 번역해서 쓰세요.

(1) Хэн бэ?   → _____

(2) Би энэтхэг хүн.   → _____

(3) Тэр хүн эмч.   → _____

(4) Миний найз.   → _____

(5) Үсчин.   → _____

(6) Албаны өрөө.   → _____

(7) Үзэгний сав?   → _____

(8) Дэвтэр?   → _____

(9) Орон сууц?   → _____

(10) Нотебүүк?   → _____

(11) Газрын зураг   → _____

(12) Эрэгтэй   → _____

(13) Цайны газар   → _____

(14) Гар утас   → _____

(15) Мэргэжил   → _____

문법 3. N은/는

Дүрмийн тайлбар 문법 설명

- Нэр үгэнд залгаж, тухайн нэр үгийн утгыг илүү тодотгож онцлоход хэрэглэгд
  энэ. Монгол хэлний "…. бол" гэсэн утгаар дүйцлүүлж болно.
- '는' эгшгээр төгссөн нэр үгэнд '은' гийгүүлэгчээр төгссөн нэр үгэнд залгана.

Дүрмийн илэрхийлэл 문법 표현 연습

저는 티레오쟌입니다.	Намайг Тилеужан гэдэг.
제 이름은 다나입니다.	Миний нэрийг Дана гэдэг.
돌곤 씨는 학생입니까?	Дөлгөөн оюутан уу?
선생님은 한국 사람입니까?	Багш Солонгос хүн уу?
이 사람은 나짐입니다.	Энэ хүнийг Назым гэдэг.
저는 몽골 사람입니다.	Би Монгол хүн.
제 친구는 공무원입니다.	Миний найз төрийн албан хаагч.
여기는 창신대학교입니다.	Энэ газар бол Чангшин их сургууль.

Бичих дадал 문법 활용 연습과 쓰기 연습

연습 1

Тохирох нөхцөлийг сонгож зааврын дагуу бичнэ үү.
알맞은 것을 골라서 보기와 같이 쓰세요.

> 보기 　이것(은, 는) 책상입니다. → 이것<u>은</u> 책상<u>이에요</u>.

(1) 저(은, 는) 학생입니다. 　　　　→ _____

(2) 벌드 씨(은, 는) 회사원입니다. 　→ _____

(3) 제 이름(은, 는) 이지연입니다. 　→ _____

(4) 저 사람(은, 는) 몽골 사람입니다. → _____

(5) 여기(은, 는) 병원입니다. 　　　→ _____

(6) 선생님(은, 는) 한국 사람이니다. → _____

(7) 제 친구(은, 는) 소방관입니다. 　→ _____

(8) 이것(은, 는) 책입니까? 　　　　→ _____

(9) 제 직업(은, 는) 의사입니다. 　　→ _____

(10) 알리 씨(은, 는) 남자입니다. 　→ _____

(11) 노민(은, 는) 미국 사람입니까? 　→ _____

(12) 우리(은, 는) 창신대 학생입니다. → _____

(13) 저기(은, 는) 학생 식당입니까? 　→ _____

(14) 이분(은, 는) 교수입니까? 　　　→ _____

(15) 거기(은, 는) 어디입니까? 　　　→ _____

Загварын дагуу өгүүлбэр болгож бичнэ үү.

다음을 보기와 같이 문장을 완성하세요.

보기	저 / 학생 → 저는 학생입니다.

(1) 아버지 / 공무원 → _____

(2) 어머니 / 선생님 → _____

(3) 제 이름 / 이지연 → _____

(4) 이 사람 / 경찰관 → _____

(5) 저기 / 우리 집 → _____

(6) 빌곤 씨 / 남자 → _____

(7) 제 고향 / 몽골 → _____

(8) 이 것 / 한국어 책 → _____

(9) 동생 / 초등학생 → _____

(10) 친구 / 미국 사람 → _____

(11) 이모 / 교수 → _____

(12) 여기 / 강의실 → _____

(13) 누나 / 은행원 → _____

(14) 저 사람 / 베트남 사람 → _____

(15) 선생님 / 여자 → _____

Дараах өгүүлбэрийг Солонгосоор орчуулна уу.
다음 문장을 한국어로 번역해서 쓰세요.

(1) Миний нэрийг Болд гэдэг. → _____

(2) Миний найз Орос хүн. → _____

(3) Тэр хүн эмч. → _____

(4) Энэ зүйл юу бэ? → _____

(5) Тэр хүн манай багш. → _____

(6) Энэ хүн хэн бэ? → _____

(7) Энэ газар бол зах. → _____

(8) Тэр зүйл бол сонин. → _____

(9) Энэ газар сургууль уу? → _____

(10) Миний найз сэтгүүлч. → _____

(11) Бид найзууд. → _____

(12) Энэ солонгос хэлний ном. → _____

(13) Манай дүү сурагч. → _____

(14) Ээж их сургуулийн багш, → _____

(15) Миний мэргэжил орчуулагч. → _____

문법 4. N이/가 아닙니다

Дүрмийн тайлбар 문법 설명

- 아니다 бол нэр үгтэй хамт хэрэглэгдэж, тухайн нэр үгийг үгүйсгэх утга илэрх ийлнэ. Яриа болон өгүүлбэрт 아니다-г '아닙니다 эсвэл 아니예요' гэж хэрэглэнэ.

- Монгол хэлнээ "үгүй, биш" гэсэн утгыг илэрхийлнэ.

- 아니다 дүрмийг ашиглахдаа тухайн нэр үгээ нэрлэхийн тийн ялгал буюу '이 / 가'-аар хэлбэржүүлж 이/가 아니다 гэж хэрэглэнэ.

Дүрмийн илэрхийлэл 문법 표현 연습

저는 학생이 아닙니다.	Би оюутан биш.
이 사람은 한국 사람이 아닙니다.	Энэ хүн солонгос хүн биш.
친구가 아닙니다.	Найз биш.
저는 가수가 아닙니다.	Би дуучин биш.
저 사람은 은행원이 아닙니다.	Энэ хүн банкны ажилтан биш.
이것은 컴퓨터가 아닙니다.	Энэ зүйл компьютер биш.
저 분은 소방관이 아닙니다.	Тэр хүн гал сөнөөгч биш.
이것은 책이 아닙니다.	Энэ зүйл ном биш.

Бичих дадал 문법 활용 연습과 쓰기 연습

연습 1

Тохирох нөхцөлийг сонгож зааврын дагуу бичнэ үү.
알맞은 것을 골라서 보기와 같이 쓰세요.

> **보기**   누나(이, <u>가</u>) 아닙니다. → 누나가 아닙니다.

(1) 한국 사람(이, 가) 아닙니다. → _____

(2) 이것은 물(이, 가) 아닙니다. → _____

(3) 강아지(이, 가) 아닙니다. → _____

(4) 제 친구(이, 가) 아닙니다. → _____

(5) 여기는 병원(이, 가) 아닙니다. → _____

(6) 화장실(이, 가) 아닙니다. → _____

(7) 동생(이, 가) 아닙니다. → _____

(8) 한국어 책(이, 가) 아닙니다. → _____

(9) 백화점(이, 가) 아닙니다. → _____

(10) 알리 씨(이, 가) 아닙니다. → _____

(11) 목요일(이, 가) 아닙니다. → _____

(12) 학생 식당(이, 가) 아닙니다. → _____

(13) 닭고기(이, 가) 아닙니다. → _____

(14) 창문(이, 가) 아닙니다. → _____

(15) 휴대폰(이, 가) 아닙니다. → _____

Загварын дагуу өгүүлбэр болгож бичнэ үү.

다음을 보기와 같이 문장을 완성하세요.

> **보기** 강아지입니까? → 아니요, 강아지가 아닙니다.

(1) 아버지입니까? → _____

(2) 독일 사람입니까? → _____

(3) 커피입니까? → _____

(4) 요리사입니까? → _____

(5) 운전기사입니까? → _____

(6) 택시입니까? → _____

(7) 여기는 몽골입니까? → _____

(8) 이것은 물통입니까? → _____

(9) 친구는 회사원입니까? → _____

(10) 영화 배우입니까? → _____

(11) 이것은 오렌지입니까? → _____

(12) 여기는 창원입니까? → _____

(13) 저기는 약국입니까? → _____

(14) 체첵 씨는 남자입니까? → _____

(15) 이 과일은 수박입니까? → _____

Дараах өгүүлбэрийг Солонгосоор орчуулна уу.
다음 문장을 한국어로 번역해서 쓰세요.

(1) Энэ зүйл ном биш.   → _____

(2) Энэ газар номын сан биш.   → _____

(3) Энэ газар дэлгүүр биш.   → _____

(4) Энэ хаалга биш.   → _____

(5) Тэр хүн сувилагч биш.   → _____

(6) Толь бичиг биш.   → _____

(7) Тэр зүйл бол сонин биш.   → _____

(8) Тэр зүйл үзэгний сав биш.   → _____

(9) Энэ зүйл радио биш.   → _____

(10) Энэ газар амралтын өрөө биш. → _____

(11) Энэ зүйл ор биш.   → _____

(12) Тэр хүн манай багш биш.   → _____

(13) Гэрийн эзэгтэй биш.   → _____

(14) Энэ зүйл гутал биш.   → _____

(15) Энэ зүйл Цүнх биш   → _____

Мэдлэгээ бататгая 자기 평가하기

- 1-р хичээл дээр судалсан дүрмээ хэр сайн ойлгож авснаа шалгаарай.
  제1과에서 배운 문법들을 얼마나 이해했는지 확인해 보세요.

- Дараах дүрмийн дагуу өгүүлбэр зохиож бичээд багшдаа хянуулаарай.
  다음 문법을 사용해서 문장을 만들고 교수님께 검토 받으세요.

N이에요/예요

(1) → _____

(2) → _____

(3) → _____

N입니까?, N입니다

(1) → _____

(2) → _____

(3) → _____

N은/는

(1) → _____

(2) → _____

(3) → _____

N이/가 아닙니다

(1) → _____

(2) → _____

(3) → _____

Хичээл 2

제2과

Хичээлийн зорилт
학습 목표

문법 1. N이/가 있어요[없어요]
- Дүрмийн тайлбар (문법 설명)
- Дүрмийн илэрхийлэл (문법 표현 연습)
- Бичих дадал (문법 활용 연습과 쓰기 연습)

문법 2. 이거는[그거는, 저거는]
N이에요/예요
- Дүрмийн тайлбар (문법 설명)
- Дүрмийн илэрхийлэл (문법 표현 연습)
- Бичих дадал (문법 활용 연습과 쓰기 연습)

문법 3. 이것은[그것은, 저것은]
N입니다/입니까?
- Дүрмийн тайлбар (문법 설명)
- Дүрмийн илэрхийлэл (문법 표현 연습)
- Бичих дадал (문법 활용 연습과 쓰기 연습)

문법 4. N 주세요
- Дүрмийн тайлбар (문법 설명)
- Дүрмийн илэрхийлэл (문법 표현 연습)
- Бичих дадал (문법 활용 연습과 쓰기 연습)

문법 1. N이/가 있어요[없어요]

Дүрмийн тайлбар 문법 설명

- Нэр үгэнд залгаж, өгүүлбэрийн эзэн биеийг тодотгож илэрхийлдэг нэрлэхийн тийн ялгалын нөхцөл.

- Эгшгээр төгссөн нэр үгэнд 가, гийгүүлэгчээр төгссөн нэр үгэнд 이 залгана.

- "있어요/있습니다" бол хүн, амьтан, юмс үзэгдлийн оршин байгааг илэрхийлсэн "있다(байх)" гэсэн тэмдэг үйл үг юм.

- '있습니다' бол хүндэтгэлийн хэлбэр, '있어요' бол ярианы хэлбэрээр голцуу хэрэглэгдэнэ.

- Харин "없어요/없습니다" бол "있어요/있습니다" үгийн эсрэг утга буюу 'байхгү' гэсэн үг юм.

Дүрмийн илэрхийлэл 문법 표현 연습

공책이 있습니다.	Дэвтэр байгаа .
시계가 없습니다.	Цаг байхгүй.
친구가 있어요.	Найз байгаа.
선생님이 없어요.	Багш байхгүй.
의자가 있습니까?	Сандал байгаа юу?
책상이 없습니까?	Ширээ байхгүйюу?
몽골 사람이 있어요?	Монгол хүн байгаа юу?
한국 사람이 없어요?	Солонгос хүн байхгүйюу?

Бичих дадал 문법 활용 연습과 쓰기 연습

Тохирох нөхцөлийг сонгож зааврын дагуу бичнэ үү.
알맞은 것을 골라서 보기와 같이 쓰세요.

보기	누나(이, <u>가</u>) 있어요. → 누나<u>가</u> <u>없어요</u>.

---

(1) 한국 사람(이, 가) 있어요.　→ _____

(2) 가방(이, 가) 없어요.　→ _____

(3) 강아지(이, 가) 있습니다.　→ _____

(4) 냉장고(이, 가) 없습니다.　→ _____

(5) 돈(이, 가) 있어요.　→ _____

(6) 화장실(이, 가) 없어요.　→ _____

(7) 모자(이, 가) 있습니다.　→ _____

(8) 카메라(이, 가) 없습니다.　→ _____

(9) 우산(이, 가) 있어요.　→ _____

(10) 안경(이, 가) 없어요.　→ _____

(11) 남자 친구(이, 가) 있습니다. → _____

(12) 한국 친구(이, 가) 없습니다. → _____

(13) 옷 가게(이, 가) 있어요.　→ _____

(14) 은행(이, 가) 없어요.　→ _____

(15) 휴대폰(이, 가) 있어요.　→ _____

Загварын дагуу өгүүлбэр болгож бичнэ үү.

다음을 보기와 같이 문장을 완성하세요.

> | 보기 | 강아지( ) 있습니까? → 네, 강아지<u>가</u> 있습니다.
> 책상( ) 있습니까? → 아니요, 책상<u>이</u> 없습니다.

(1) 그림( ) 있습니까? → 아니요, _____

(2) 질문( ) 있습니까? → 네, _____

(3) 커피( ) 있습니까? → 아니요, _____

(4) 여권( ) 있습니까?? → 네, _____

(5) 볼펜( ) 있습니까? → 아니요, _____

(6) 휴지( ) 있습니까? → 네, _____

(7) 열쇠( ) 있습니까?? → _____

(8) 편의점( ) 있습니까? → _____

(9) 신분증( ) 있습니까? → _____

(10) 손수건( ) 있습니까? → _____

(11) 옷걸이( ) 있습니까? → _____

(12) 선생님( ) 있습니까? → _____

(13) 일본 사람( ) 있습니까? → _____

(14) 체첵 씨( ) 있습니까? → _____

(15) 방( ) 있습니까? → _____

Дараах өгүүлбэрийг Солонгосоор орчуулна уу.
다음 문장을 한국어로 번역해서 쓰세요.

(1) Мөнгө байна уу? → _____

(2) Толь бичиг байна. → _____

(3) Дарга байна уу? → _____

(4) Гадаад найз байна уу? → _____

(5) Ундаа байгаа юу? → _____

(6) Номын дэлгүүр байгаа юу? → _____

(7) Кино театр байгаа. → _____

(8) Цагдаагийн газар байгаа. → _____

(9) Өрөө байна уу? → _____

(10) Гэрийн утас байгаа юу? → _____

(11) Гэр бүлийн зураг байгаа юу? → _____

(12) Жүүс байхгүй. → _____

(13) Цэцэг байхгүй. → _____

(14) Будаа байхгүй. → _____

(15) Ногоо байхгүй. → _____

문법 2. 이거는[그거는, 저거는] N이에요/예요

Дүрмийн тайлбар 문법 설명

- '이거는'-(энэ юм, энэ зүйл) нь яригчийн өөрт байгаа болон өөртөө маш ойрхон байгаа эд юмсыг заасан төлөөний үг.

- '그거는'-(наадхи юм, наадхи зүйл, наад зүйл чнинь) нь ярьж эсвэл асууж байгаа хүнээс хол, сонсож эсвэл хариулах гэж байгаа хүнд ойрхон эд юмсыг заасан төлөөний үг.

- '저거는'-(тэр юм, тэр зүйл, тэнд байгаа зүйл) нь яригч, сонсогчид хоёуланд нь хол байгаа эд юмсыг хэлэхэд хэрэглэдэг төлөөний үг.

- 이거는/그거는/저거는 뭐예요? гэж асуухдаа хэрэглэдэг бол хариулахдаа 이거는/그거는/저거는 ....이에요/예요 гэж хэрэглэнэ.

Дүрмийн илэрхийлэл 문법 표현 연습

이거는 한국어 책이에요.	Энэ юм бол солонгос хэлний ном.
그거는 영국 지도예요.	Наад зүйл бол англи улсын газрын зураг.
저거는 가족 사진이에요.	Тэр юм бол гэр бүлийн зураг.
이거는 전자사전이에요?	Энэ зүйл электрон толь бичиг уу?
그거는 자예요?	Наад юм шугам уу?
저거는 교통카드예요?	Тэр юм тээврийн карт уу?
이거는 자동차예요.	Энэ (юм) машин уу?
그거는 자전거예요.	Наад (юм) унадаг дугуй юу?

Бичих дадал 문법 활용 연습과 쓰기 연습

연습 1

Загварын дагуу өгүүлбэр болгож бичнэ үү.
다음을 보기와 같이 문장을 완성하세요.

보기	A 이거는 뭐예요? → B 이거는 사진이에요.

단어	휴대폰, 냉장고, 우산, 귀걸이, 반지, 연필

(1) A 이거는 뭐예요? → B _____

(2) A 그거는 뭐예요? → B _____

(3) A 저거는 뭐예요? → B _____

(4) A 이거는 뭐예요? → B _____

(5) A 그거는 뭐예요? → B _____

(6) A 저거는 뭐예요? → B _____

(7) A 이거는 시계예요? → B 네, _____

(8) A 그거는 공책이에요? → B 네, _____

(9) A 저거는 바나나예요? → B 네, _____

(10) A 이거는 탁자예요? → B 네, _____

(11) A 그거는 지갑이에요? → B 네, _____

(12) A 저거는 꽃이에요? → B 아니요, _____

(13) A 이거는 축구 공이에요? → B 아니요, _____

(14) A 그거는 신문이에요? → B 아니요, _____

(15) A 저거는 녹차예요? → B 아니요, _____

Дараах өгүүлбэрийг Солонгосоор орчуулна уу.
다음 문장을 한국어로 번역해서 쓰세요.

(1) Энэ юм бэлэн хоол уу? →

(2) Энэ юм саван уу? →

(3) Энэ юм хөнжил үү? →

(4) Энэ юм алчуур уу? →

(5) Энэ юм талх уу →

(6) Наад юм цэнэглэгч уу? →

(7) Наад юм гутал уу? →

(8) Наад юм хувцас уу? →

(9) Наад юм хогийн сав? →

(10) Наад юм жигнэмэг үү? →

(11) Тэр юм сандал уу? →

(12) Тэр юм буйдан уу? →

(13) Тэр юм сүү юмуу? →

(14) Тэр юм халбага уу →

(15) Тэр юм аяга уу? →

문법 3. 이것은[그것은, 저것은] N입니다/입니까?

Дүрмийн тайлбар 문법 설명

- '이것은'-(энэ юм, энэ зүйл) нь яригчийн өөрт байгаа болон өөртөө маш ойрхон байгаа эд юмсыг заасан төлөөний үг.

- '그것은'-(наадхи юм, наадхи зүйл, наад зүйл чинь) нь ярьж эсвэл асууж байгаа хүнээс хол, сонсож эсвэл хариулах гэж байгаа хүнд ойрхон эд юмсыг заасан төлөөний үг.

- '저것은'-(тэр юм, тэр зүйл, тэнд байгаа зүйл) нь яригч, сонсогчид хоёуланд нь хол байгаа эд юмсыг хэлэхэд хэрэглэдэг төлөөний үг.

- 이것은/그것은/저것은 무엇입니까? гэж асуухдаа хэрэглэдэг бол хариулахдаа 이것은/그것은/저것은 ....입니다/입니까 гэж хэрэглэнэ.

Дүрмийн илэрхийлэл 문법 표현 연습

이것은 모니터입니다.	Энэ юм бол монитор.
그것은 화이트보드입니다.	Наад зүйл бол самбар.
저것은 빔프로젝터입니다.	Тэр юм бол проектор.
이것은 손목시계입니까?	Энэ зүйл бугуйн цаг уу?
그것은 읽기 책입니까?	Наад юм Унших ном уу?
저것은 학교 버스입니까?	Тэр юм сургуулийн автобус уу?
이것은 박스입니다.	Энэ (юм) хайрцаг.
그것은 제 가방입니다.	Наад (юм) миний цүнх.

Бичих дадал 문법 활용 연습과 쓰기 연습

연습 1

Тохирох нөхцөлийг сонгож зааврын дагуу бичнэ үү.
알맞은 단어를 골라서 보기와 같이 쓰세요.

보기 사진 A 이것은 무엇입니까? → B 이것은 사진입니다.

단어 물티슈, 면도기, 마스크, 장갑, 열쇠, 자동차

(1) A 이것은 무엇입니까?   → B

(2) A 그것은 무엇입니까?   → B

(3) A 저것은 무엇입니까?   → B

(4) A 이것은 무엇입니까?   → B

(5) A 그것은 무엇입니까?   → B

(6) A 저것은 무엇입니까?   → B

(7) A 이것은 지우개입니까?   → B 네,

(8) A 그것은 수첩입니까?   → B 네,

(9) A 저것은 그림입니까?   → B 네,

(10) A 이것은 달력입니까?   → B 네,

(11) A 그것은 거울입니까?   → B 네,

(12) A 저것은 신분증입니까?   → B 아니요,

(13) A 이것은 현금입니까?   → B 아니요,

(14) A 그것은 계산기입니까?   → B 아니요,

(15) A 저것은 슬리퍼입니까?   → B 아니요,

Дараах өгүүлбэрийг Солонгосоор орчуулна уу.
다음 문장을 한국어로 번역해서 쓰세요.

(1) Энэ юм өндөг уу?　　　→　_____

(2) Энэ юм шүдний сойз?　　→　_____

(3) Энэ юм шампунь.　　　→　_____

(4) Энэ юм бээлий.　　　　→　_____

(5) Энэ юм амны маск.　　→　_____

(6) Наад юм хайч уу?　　　→　_____

(7) Наад юм хутга уу?　　　→　_____

(8) Наад юм хүзүүнийзүүлт.　→　_____

(9) Наад юм толь.　　　　→　_____

(10) Наад юм бэлэг үү?　　→　_____

(11) Тэр юм онгоц уу?　　　→　_____

(12) Тэр юм усан завь уу?　→　_____

(13) Тэр юм давс юмуу?　　→　_____

(14) Тэр юм зайрмаг.　　　→　_____

(15) Тэр юм хувцасны шүүгээ. →　_____

문법 4. N 주세요

Дүрмийн тайлбар 문법 설명

- '주세요'-(өгөөч, өгөөрэй) нь гэсэн хүсэх утга илэрхийлсэн үйл үг юм.

- '주세요'-г хэрэглэх гэж байгаа нэр үгэнд ямар нэгэн нөхцөл залгахгүйгээр тухайн зүйлийг хүсэх үед ..... 주세요 гэж шууд хэрэглэнэ.

- Солонгос хэлийг анх үзэж байгаа үед ярианд их ашиглах болохоор хичээлийн эхэнд энгийн хэлбэрээ судалж байгаа болно. Хичээл 9 дээр дэлгэрэнгүй судлах болно.

- '.... 주세요' гэж ямар нэгэн зүйлийг өгөхийг хүссэн үед өгөх гэж байгаа хүн нь '여기 있어요 엔э байна'- гэж хариулж өгнө.

Дүрмийн илэрхийлэл 문법 표현 연습

명함 주세요.	Нэрийн хуудсаа өгөөрэй.
전화번호 주세요.	Утасны дугараа өгөөч.
물티슈 주세요.	Нойтон салфетка өгөөч.
커피 주세요.	Кофе өгөөч.
가위 주세요.	Хайч өгөөрэй.
충전기 주세요.	Цэнэглэгч өгөөч.
돈 주세요.	Мөнгө өгөөрэй.
사탕 주세요.	Чихэр өгөөч.

Бичих дадал 문법 활용 연습과 쓰기 연습

연습 1

Дараах үгнүүдийг ашиглаад өгүүлбэр зохиож бичээрэй.
다음 단어를 사용해서 보기와 같이 쓰세요.

보기	사탕 → 사탕 <u>주세요</u>.

단어	물티슈, 면도기, 마스크, 장갑, 열쇠, 자동차, 사전 휴대폰, 냉장고, 우산, 귀걸이, 반지, 연필, 안경

(1) _____

(2) _____

(3) _____

(4) _____

(5) _____

(6) _____

(7) _____

(8) _____

(9) _____

(10) _____

(11) _____

(12) _____

(13) _____

(14) _____

Дараах өгүүлбэрийг Солонгосоор орчуулна уу.
다음 문장을 한국어로 번역해서 쓰세요.

(1) Алим өгөөч. →

(2) Бөмбөг өгөөч. →

(3) Ус өгөөч. →

(4) Кимчи өгөөч. →

(5) Сандал өгөөч. →

(6) Эм өгөөч. →

(7) Баллуур өгөөч. →

(8) Цаасны хутга өгөөч. →

(9) Ундаа өгөөч. →

(10) Алчуур өгөөч. →

(11) Харандаа өгөөч →

(12) Шоколад өгөөч. →

(13) Уут өгөөч. →

(14) Түрүүвч өгөөч. →

(15) Зоос өгөөч. →

Мэдлэгээ бататгая   자기 평가하기

• 2-р хичээл дээр судалсан дүрмээ хэр сайн ойлгож авснаа шалгаарай.
  제2과에서 배운 문법들을 얼마나 이해했는지 확인해 보세요.

• Дараах дүрмийн дагуу өгүүлбэр зохиож бичээд багшдаа хянуулаарай.
  다음 문법을 사용해서 문장을 만들고 교수님께 검토 받으세요.

N이/가 있어요[없어요]

(1) → _____

(2) → _____

(3) → _____

이거는[그거는, 저거는] N이에요/예요

(1) → _____

(2) → _____

(3) → _____

이것은[그것은, 저것은] N이에요/예요

(1) → _____

(2) → _____

(3) → _____

N 주세요

(1) → _____

(2) → _____

(3) → _____

Хичээл 3

제3과

Хичээлийн зорилт
학습 목표

문법 1. N하고 N, N과/와
- Дүрмийн тайлбар (문법 설명)
- Дүрмийн илэрхийлэл (문법 표현 연습)
- Бичих дадал (문법 활용 연습과 쓰기 연습)

문법 2. V-아요/어요
- Дүрмийн тайлбар (문법 설명)
- Дүрмийн илэрхийлэл (문법 표현 연습)
- Бичих дадал (문법 활용 연습과 쓰기 연습)

문법 3. N을/를
- Дүрмийн тайлбар (문법 설명)
- Дүрмийн илэрхийлэл (문법 표현 연습)
- Бичих дадал (문법 활용 연습과 쓰기 연습)

문법 4. N에서
- Дүрмийн тайлбар (문법 설명)
- Дүрмийн илэрхийлэл (문법 표현 연습)
- Бичих дадал (문법 활용 연습과 쓰기 연습)

Дүрмийн тайлбар 문법 설명

- Хоёр нэр үгийг холбож хэрэглэх ашиглана. Монгол хэлнээ 'ба, болон, бөгөөд' гэсэн утгатай.

- 'Ва / га'-гийн хувьд Эгшгээр төгссөн нэр үгэнд 'ва', гийгүүлэгчээр төгссөн нэр үгэнд 'га' залгана.

- '하고' нь нэр үгийн ард залгаж олон тооны зүйлийг тоочиж хэлэхээс гадна тухайн үйлийг хамтран үйлдэгч болохыг илэрхийлдэг 'тай, тайгаа' гэсэн утгаар бас ашиглана.

- '하고'-гийн хувьд эгшиг, гийгүүлэгчээр төгссөн гэж ялгахгүйгээр шууд залгаж хэрэглэнэ.

Дүрмийн илэрхийлэл 문법 표현 연습

책상하고 의자가 있어요.	Ширээ болон сандал байна.
은행하고 백화점이 있어요.	Банк болон их дэлгүүр байна .
연필하고 볼펜이 있습니다.	Харандаа ба үзэг байна.
가방과 책입니다.	Цүнх ба ном.
모자와 우산입니다.	Малгай ба шүхэр.
이것은 공책과 사전입니다.	Энэ зүйл дэвтэр ба толь бичиг.
선생님과 학생이 있어요.	Багш болон оюутан байна.
사과와 바나나가 없어요.	Алим болон банан байна .

Бичих дадал 문법 활용 연습과 쓰기 연습

연습 1

Тохирох нөхцөлийг сонгож зааврын дагуу бичнэ үү.
알맞은 것을 골라서 보기와 같이 쓰세요.

> 보기
>
> 책상(<u>과</u> / 와) 의자 → 책상과 의자입니다.
> 의자(과 / <u>와</u>) 책상(<u>이</u> / 가) → 의자와 책상이 <u>있어요</u>.

(1) 선생님(와 / 과) 학생　　　　　→ _____

(2) 우유(와 / 과) 빵　　　　　　　→ _____

(3) 모자(와 / 과) 바지　　　　　　→ _____

(4) 사과(와 / 과) 딸기　　　　　　→ _____

(5) 남자(와 / 과) 여자　　　　　　→ _____

(6) 바다(와 / 과) 강　　　　　　　→ _____

(7) 병원(와 / 과) 약국　　　　　　→ _____

(8) 지우개(와 / 과) 연필(이 / 가)　→ _____

(9) 군인(와 / 과) 기자(이 / 가)　　→ _____

(10) 화장실(와 / 과) 휴게실(이 / 가)　→ _____

(11) 알리 씨(와 / 과) 체첵(이 / 가)　→ _____

(12) 닭고기(와 / 과) 소고기(이 / 가)　→ _____

(13) 창문(와 / 과) 문(이 / 가)　　→ _____

(14) 동생(와 / 과) 형(이 / 가)　　→ _____

(15) 택시(와 / 과) 버스(이 / 가)　→ _____

Загварын дагуу өгүүлбэр болгож бичнэ үү.

다음을 보기와 같이 문장을 완성하세요.

> | 보기 | 책상/의자 | 이것은 무엇입니까? → 책상과 의자입니다. |
> | --- | --- | --- |
> | | 학생/선생님 | 누가 있어요? → 학생과 선생님이 있어요. |

> 단어 물티슈/휴지, 마스크/장갑, 사전/사진, 시계/계산기, 프랑스/몽골,
> 아버지/어머니, 구두/슬리퍼, 공책/수첩, 컴퓨터/자동차, 우체국/극장

(1) 이것은 무엇입니까? →

_____

(2) 이것은 무엇입니까? →

_____

(3) 그것은 무엇입니까? →

_____

(4) 그것은 무엇입니까? →

_____

(5) 저것은 무엇입니까? →

_____

(6) 누가 있어요?   →

_____

(7) 뭐가 있어요?   →

_____

(8) 뭐가 있어요?   →

_____

(9) 뭐가 있어요?   →

_____

(10) 뭐가 있어요?   →

_____

Дараах өгүүлбэрийг Солонгосоор орчуулна уу.

다음 문장을 한국어로 번역해서 쓰세요.

(1) Үзэгний сав ба усны сав.　　→ _____

(2) Үсчин болон тогооч байна.　　→ _____

(3) Гар утас ба гэрийн утас.　　→ _____

(4) Болд болон Бат байна.　　→ _____

(5) Халбага болон сэрээ байна.　　→ _____

(6) Морь ба үхэр.　　→ _____

(7) Ундаа ба хоол.　　→ _____

(8) Радио ба сонин.　　→ _____

(9) Мөнгө болон түрүүвч байна.　→ _____

(10) Хүүхэд болон ээж байна.　　→ _____

(11) Дэлгүүр ба зочид буудал.　　→ _____

(12) Загас болон муур байна.　　→ _____

(13) Тахиа ба гахай.　　→ _____

(14) уулай ба галуу байна.　　→ _____

(15) Утас болон цүнх байна.　　→ _____

문법 2. V-아요/어요

Дүрмийн тайлбар 문법 설명

* Үйл үг болон тэмдэг үйл үгийн үндсэнд залгаж яригч хүний бодол саналыг илэрхийлэхэд ашигладаг нөхцөл.

* '아요/어요' нь ямар нэг нь үйл явдлыг хүүрнэх, асуух, болон захиран хүсэх хэлбэрт хэрэглэнэ.

* Үйл үг, болон тэмдэг үйл үгийг төгсгөх үүрэгтэй.

* '아요/어요' нь албаны бус, энгийн хэллэгийн шинжтэй бол '- 습니다/ㅂ니다' нь илүү албархаг, хүндэтгэлийн шинжтэй байдаг.

* '아요/어요'-г ярианы хэллэгт голцуу ашигладаг. Мөн одоо цагийн нөхцөлөөр хэрэглэгддэг.

* '아요/어요'-аар асуух үед дууны өнгийг өндөрсгөж асууна.

Дүрмийн илэрхийлэл 문법 표현 연습

-아요	Үйл үг, тэмдэг үйл үгийн үндсийн төгсгөлийн үе ' ㅏ, ㅗ' эгш гээр төгссөн бол '아요'-г залгана. - 'ㅏ' төгссөн үгэнд '아요'-г залгахдаа нэг 'ㅏ' нь гээгдэх болно. - 'ㅗ' төгссөн үгэнд '아요'-г залгахдаа 'ㅘ' гэсэн хос эгшиг үүсгэнэ.		
가다	가요	여행을 가요.	→ Аялалаар явна.
만나다	만나요	친구를 만나요.	→ Найзтайгаа уулзана.
오다	와요	선생님이 와요.	→ Багш ирж байна.
보다	봐요	영화를 봐요.	→ Кино үзнэ.

-어요	ㅏ, ㅗ -аас бусад эгшиг, гийгүүлэгчээр төгссөн бол '어요'-г залгана.			
먹다	먹어요	사과를 먹어요.	→	Алим иднэ.
읽다	읽어요	책을 읽어요.	→	Ном уншина.
재미있다	재미있어요	영화가 재미있어요.	→	Кино сонирхолтойб/а.
입다	입어요	옷을 입어요.	→	Хувцас өмсөнө.

-ㅜ	- 'ㅜ' төгссөн үгэнд '어요'-г залгахдаа 'ㅝ' гэсэн хос эгшиг үүсгэнэ.		
배우다	배워요	한국어를 배워요. →	Солонгос хэл сурна.

-ㅣ	- 'ㅣ' төгссөн үгэнд '어요'-г залгахдаа 'ㅕ' гэсэн эгшиг үүсгэнэ.		
마시다	마셔요	커피를 마셔요. →	Кофег уна.

-ㅐ	- 'ㅐ' төгссөн үгэнд '어요'-г залгахдаа 'ㅓ' нь гээгдэх болно.		
보내다	보내요	편지를 보내요. →	Захиа илгэнэ.

-하다	-'하다' төгссөн үйл үг, тэмдэг үйл үгэнд '아요'г залгахдаа '해요' болж хувирдаг болно.		
공부하다	공부해요	저는 공부해요. →	Би хичээл хийнэ.
일하다	일해요	아버지는 일해요. →	Аав ажил хийдэг.

Тодруулга 기억하기	작다, 많다. 적다 гэх мэт үгнүүдэд залгахдаа тухайн үгийн гий гүүлэгчийг ямар эгшгээр амилуулж байгаагаас хамааран өөр өөр залгаж хэрэглэнэ.		
작다	작아요	교실이 작아요. →	Анги жижиг .
많다	많아요	학생이 많아요. →	Оюутан их байна.
적다	적어요	사람이 적어요. →	Хүмүүс бага байна.
좋다	좋아요	날씨가 좋아요. →	Цаг агаар сайхан байна.

Бичих дадал 문법 활용 연습과 쓰기 연습

연습 1

Дараах хүснэгтийг бөглөнө үү.
다음 표를 완성하세요.

> **보기**
>
> 가다 → 가<u>요</u>.
> 먹다 → 먹<u>어요</u>.

	아요/어요		아요/어요
가다		많다	
자다		좋다	
보다		없다	
오다		있다	
먹다		작다	
앉다		적다	
살다		가르치다	
배우다		쉬다	
만들다		공부하다	
만나다		숙제하다	
읽다		세수하다	
주다		일하다	
마시다		이야기하다	

Загварын дагуу өгүүлбэр болгож бичнэ үү.

다음을 보기와 같이 문장을 완성하세요.

보기   밥을 먹다 → 밥을 먹<u>어요</u>.

---

(1) 우유를 마시다   → _____

(2) 학교에 가다   → _____

(3) 친구를 만나다   → _____

(4) 과일을 먹다   → _____

(5) 영화를 보다   → _____

(6) 책을 읽다   → _____

(7) 숙제를 하다   → _____

(8) 공부를 하다   → _____

(9) 사람이 많다   → _____

(10) 가방이 작다   → _____

(11) 사진을 찍다   → _____

(12) 한국어를 가르치다 → _____

(13) 옷을 사다   → _____

(14) 요리를 하다   → _____

(15) 한국어를 배우다 → _____

Дүрмийн тайлбар 문법 설명

- '-을 /를' нь Заахын тийн ялгалын нөхцөл. Нэр үгэнд залгаж, тусагдахуун гишү үний үүргээр хэрэглэгддэг нөхцөл.

- Монгол хэлнээ "-ийг, -ыг, -г, заримдаа -тай, нд, аар" нөхцөлтэй адилхан хэрэг лэнэ.

- Эгшгээр төгссөн нэр үгэнд '-рийг', гийгүүлэгчээр төгссөн үгэнд '-ыг' залгана.

- Энэ дүрмийг илүү сайн ойлгох арга нь гэвэл Монгол хэлэнд "Хоол иднэ" гэж хэрэглэх бол Солонго хэлэнд Хоолыг иднэ, Хичээлийг хийнэ гэж заахын тийн ялгалын нөхцөлийг заавал хэрэглэнэ.

Дүрмийн илэрхийлэл 문법 표현 연습

학생이 숙제를 해요.	Оюутан даалгавр(ыг) хийж байна.
은행원이 일을 해요.	Банкны ажилтан ажл(ыг) хийж байна.
동생이 밥을 먹어요.	Дүү хоол(ыг) идэж байна
이지연 씨가 커피를 마셔요.	И Жион кофе(г) ууж байна.
친구가 책을 읽어요.	Найз ном(ыг) уншиж байна.
가수가 노래를 해요.	Дуучин дуу(г) дуулж байна.
저는 한국어를 배워요.	Би Солонгос хэл(ийг) сурч байна.
체책 씨가 친구를 만나요.	Цэцэг найз(тайгаа) уулзаж байна.

Бичих дадал 문법 활용 연습과 쓰기 연습

Тохирох нөхцөлийг сонгож зааврын дагуу бичнэ үү.
알맞은 것을 골라서 보기와 같이 쓰세요.

보기 책(을 / 를) 읽다 → 책을 읽<u>어요</u>.

---

(1) 사과(을 / 를) 좋아하다   → _____

(2) 수박(을 / 를) 싫어하다   → _____

(3) 몽골어(을 / 를) 가르치다   → _____

(4) 비빔밥(을 / 를) 먹다   → _____

(5) 바지(을 / 를) 사다   → _____

(6) 교수님(을 / 를) 만나다   → _____

(7) 휴대폰(을 / 를) 찾다   → _____

(8) 지우개(을 / 를) 사용하다   → _____

(9) 군인(와 / 과) 기자(이 / 가)   → _____

(10) 방(을 / 를) 청소하다   → _____

(11) 택시(을 / 를) 타다   → _____

(12) 닭고기(을 / 를) 먹다   → _____

(13) 창문(을 / 를) 닫다   → _____

(14) 선물(을 / 를) 받다   → _____

(15) 아르바이트(을 / 를) 하다   → _____

Загварын дагуу өгүүлбэр болгож бичнэ үү.

다음을 보기와 같이 문장을 완성하세요.

> **보기** 밥 / 먹다 → 밥을 먹어요.

(1) 무엇 / 하다 → _____

(2) 문장 / 읽다 → _____

(3) 축구 / 하다 → _____

(4) 운동 / 하다 → _____

(5) 텔레비전 / 보다 → _____

(6) 잠 / 자다 → _____

(7) 목욕 / 하다 → _____

(8) 선물 / 주다 → _____

(9) 전화 / 하다 → _____

(10) 이 / 닦다 → _____

(11) 여행 / 좋아하다 → _____

(12) 지하철 / 타다 → _____

(13) 태권도 / 배우다 → _____

(14) 주스 / 마시다 → _____

(15) 편지 / 보내다 → _____

Дараах өгүүлбэрийг Солонгосоор орчуулна уу.

다음 문장을 한국어로 번역해서 쓰세요.

(1) Би кофег уудж байна. → _____

(2) Багштайгаа уулзаж байна. → _____

(3) Англи хэлийг сурч байна. → _____

(4) Сониныг уншиж байна. → _____

(5) Пиццаг идэж байна. → _____

(6) Дугуйг унаж байна. → _____

(7) Бээлийг өмсөж байна. → _____

(8) Солонгос дууг сурч байна. → _____

(9) Даалгаврыг хийж байна. → _____

(10) Толь бичгийг өгнө. → _____

(11) Мөнгийг авна. → _____

(12) Утсаар ярьж байна. → _____

(13) Дүүтэй уулзаж байна. → _____

(14) Шалгалтыг өгч байна. → _____

(15) Гараа угааж байна. → _____

Дүрмийн тайлбар 문법 설명

- '-에서' нь Байршил заасан нэр үгэнд залгаж, үйл явдал тухайн орон байр(байрш ил)-нд өрнөх тухайн утга илэрхийлнэ.

- Монгол хэлэнд өгөх оршихын тий ялгалын нөхцөл буюу 'д, т, нд, тээ, заримда а -аас' нөхцөлтэй адилхан хэрэглэнэ.

Дүрмийн илэрхийлэл 문법 표현 연습

학교에서 공부를 해요.	Сургуульд хичээлийг хийнэ.
은행에서 돈을 찾아요.	Банкаас мөнгийг авна.
서점에서 공책을 사요.	Номын дэлгүүрээс дэвтэр авна.
도서관에서 공부를 해요.	Номин санд хичээлийг хийнэ.
백화점에서 장갑을 사요.	Их дэлгүүрээс бээлийг авна.
저는 기숙사에서 살아요.	Би дотуур байранд амьдардаг.
우체국에서 일을 해요.	Шуудангийн газарт ажилладаг.
교실에서 숙제를 해요.	Ангид даалгаврыг хийдэг.

Бичих дадал 문법 활용 연습과 쓰기 연습

연습 1

Загварын дагуу өгүүлбэр болгож бичнэ үү.
다음을 보기와 같이 문장을 완성하세요.

> **보기**　　　도서관 / 책 / 읽다 → 도서관에서 책을 읽어요.

---

(1) 편의점 / 사과 / 사다　　　→ _____

(2) 집 / 수박 / 먹다　　　→ _____

(3) 학교 / 영어 / 가르치다　　　→ _____

(4) 식당 / 라면 / 먹다　　　→ _____

(5) 옷 가게 / 코트 / 사다　　　→ _____

(6) 시장 / 교수님 / 만나다　　　→ _____

(7) 운동장 / 운동 / 하다　　　→ _____

(8) 미용실 / 일 / 하다　　　→ _____

(9) 화장실 / 손 / 씻다　　　→ _____

(10) 체육관 / 농구 / 하다　　　→ _____

(11) 몽골 / 친구 / 만나다　　　→ _____

(12) 강의실 / 영화 / 보다　　　→ _____

(13) 휴게실 / 커피 / 마시다　　　→ _____

(14) 병원 / 봉사 / 하다　　　→ _____

(15) 서울 / 여행 / 하다　　　→ _____

Дараах харилцан яриаг гүйцээнэ үү.

다음 대화를 완성하세요.

보기   어디에서 밥을 먹어요? → 식당에서 밥을 먹어요.

---

(1) 어디에서 책을 사요?   →

(2) 어디에서 친구를 만나요?   →

(3) 어디에서 배구를 해요?   →

(4) 어디에서 산책을 해요?   →

(5) 어디에서 살아요?   →

(6) 어디에서 쉬어요?   →

(7) 어디에서 담배를 피워요?   →

(8) 어디에서 생일 파티를 해요?   →

(9) 어디에서 목욕을 해요?   →

(10) 어디에서 요리를 해요?   →

(11) 게임을 어디에서 해요?   →

(12) 버스를 어디에서 타요?   →

(13) 일을 어디에서 해요?   →

(14) 빵을 어디에서 만들어요?   →

(15) 돈을 어디에서 환전해요?   →

Дараах өгүүлбэрийг Солонгосоор орчуулна уу.

다음 문장을 한국어로 번역해서 쓰세요.

(1) Амралтын өрөөнд утсаар ярьдаг. →
_____

(2) Гэртээ хичээлээ хийдэг. →
_____

(3) Угаалгын өрөөнд нүүрээ угаадаг →
_____

(4) Лекцийн танхимд хурал хийдэг. →
_____

(5) Албаны өрөөнд хүлээдэг. →
_____

(6) Цагдаагийн газарт ажилладаг. →
_____

(7) Хувцсаа их дэлгүүрээс авдаг. →
_____

(8) Найзын гэрт тоглоом тоглодог. →
_____

(9) Караокед дууг дуулдаг. →
_____

(10) Эмийн сангаас эмийг авдаг. →
_____

(11) Шуудангийн газарт ажилладаг. →
_____

(12) Мартаас хүнсний ногоог авдаг. →
_____

Мэдлэгээ бататгая 자기 평가하기

- 3-р хичээл дээр судалсан дүрмээ хэр сайн ойлгож авснаа шалгаарай.
  제3과에서 배운 문법들을 얼마나 이해했는지 확인해 보세요.

- Дараах дүрмийн дагуу өгүүлбэр зохиож бичээд багшдаа хянуулаарай.
  다음 문법을 사용해서 문장을 만들고 교수님께 검토 받으세요.

N하고 N, N과/와

(1) → _____

(2) → _____

(3) → _____

V-아요/어요

(1) → _____

(2) → _____

(3) → _____

N을/를

(1) → _____

(2) → _____

(3) → _____

N에서

(1) → _____

(2) → _____

(3) → _____

Хичээлийн зорилт
학습 목표

문법 1. 여기가 N이에요/예요
- Дүрмийн тайлбар (문법 설명)
- Дүрмийн илэрхийлэл (문법 표현 연습)
- Бичих дадал (문법 활용 연습과 쓰기 연습)

문법 2. N에 있어요[없어요]
- Дүрмийн тайлбар (문법 설명)
- Дүрмийн илэрхийлэл (문법 표현 연습)
- Бичих дадал (문법 활용 연습과 쓰기 연습)

문법 3. N에 가요[와요]
- Дүрмийн тайлбар (문법 설명)
- Дүрмийн илэрхийлэл (문법 표현 연습)
- Бичих дадал (문법 활용 연습과 쓰기 연습)

문법 4. N앞[뒤, 옆]
- Дүрмийн тайлбар (문법 설명)
- Дүрмийн илэрхийлэл (문법 표현 연습)
- Бичих дадал (문법 활용 연습과 쓰기 연습)

문법 1. 여기가 N이에요/예요

Дүрмийн тайлбар 문법 설명

- '여기는'- (энэ газар бол, энд) гэсэн утгыг илэрхийлдэг.

- '여기는' нь яригч этгээдийн байгаа байрлалыг заасан төлөөний үг.

- '거기는' -(наана чинь, наад газар бол) гэсэн утгыг илэрхийлдэг.

- '거기는' нь яригч этгээдэд холь сонсогчид ойрхон байгаа газар, байршлыг заасан төлөөний үг.

- '저기는'- (тэнд, тэр газар бол) гэсэн утгыг илэрхийлдэг.

- '저기는' нь яригч, сонсогч хоёр, хоёуланд нь хол байгаа байрлалыг заасан төлөөний үг.

- 여기는/거기는/저기는 어디예요? гэж асуухдаа хэрэглэдэг бол хариулахдаа 여기는/거기는/저기는 ..이에요/예요 гэж хэрэглэнэ.

Дүрмийн илэрхийлэл 문법 표현 연습

여기는 학교입니다.	Энэ газар бол их сургууль.
여기가 식당이에요.	Энэ газар бол цайны газар.
거기는 은행입니다.	Наад газар бол банк.
거기가 도서관이에요.	Наан чинь номын сан.
저기는 우리 집입니다.	Тэр газар бол манай гэр.
저기는 대사관이에요.	Тэр газар бол консулын газар.

Бичих дадал 문법 활용 연습과 쓰기 연습

연습 1

Загварын дагуу өгүүлбэр болгож бичнэ үү.
다음을 보기와 같이 문장을 완성하세요.

| 보기 | 여기 / 도서관 → 여기는 도서관입니다. |
| | 저기 / 식당 → 저기가 식당이에요. |

(1) 여기 / 편의점   → _____

(2) 여기 / 친구 집   → _____

(3) 여기 / 공항   → _____

(4) 여기 / 한국   → _____

(5) 거기 / 옷 가게   → _____

(6) 거기 / 시내   → _____

(7) 거기 / 약국   → _____

(8) 거기 / 아파트   → _____

(9) 저기 / 미용실   → _____

(10) 저기 / 체육관   → _____

(11) 저기 / 서울   → _____

(12) 저기 / 남산타워   → _____

(13) 여기 / 커피숍   → _____

(14) 거기 / 휴게소   → _____

(15) 저기 / 버스 정류장   → _____

Дараах өгүүлбэрийг Солонгосоор орчуулна уу.

다음 문장을 한국어로 번역해서 쓰세요.

(1) Энэ газар бол хотын төв.　　　→ _____

(2) Энэ газар бол хүнсний зах.　　→ _____

(3) Энэ газар бол төв талбай.　　→ _____

(4) Наад газар бол угаалгын газар.　→ _____

(5) Наад газар бол амьтны хүрээлэн.　→ _____

(6) Наад газар бол зочин буудал.　　→ _____

(7) Тэр газар бол спортын талбай.　→ _____

(8) Тэр газар бол гэр хороолол.　　→ _____

(9) Тэр газар бол интернет кафе.　　→ _____

(10) Энэ газар зогсоол уу?　　　→ _____

(11) Наад газар нисэх буудал уу?　→ _____

(12) Тэр газар монгол таун уу?　　→ _____

Дүрмийн тайлбар 문법 설명

- '에 있어요/없어요'- (д, т, байгаа' гэсэн утгатай.

- '에 있어요/없어요' нь Хүн, амьтан, эд юмс үзэгдлийн хаана байгааг илтгэдэг орон байрыг заасан тийн ялгалын нөхцөл.

- Энэ нөхцөлийн ашиглахдаа хэлэх гэж байгаа хүн, амьтан, эд юмс үзэгдэл заасан нэр үгэнд '이/가' нөхцөлийг залгаад тэрний дараа байршил заасан нэр үгэнд (д, т)-гийн '에' нөхцөлийг залгаж байгаа, байхгүйг хэлнэ.

Дүрмийн илэрхийлэл 문법 표현 연습

학생이 학교에 있어요.	Оюутан ангид байгаа.
회사원이 회사에 있어요.	Ажилтан компанид байгаа.
교실에 컴퓨터가 없어요.	Ангид компьютер байхгүй.
백화점에 옷이 있어요.	Их дэлгүүрт хувцас байгаа.
도서관에 책이 있어요?	Номын санд ном байгаа юу?
휴게실에 쓰레기통이 없어요?	Амралтын өрөөнд хогийн сав байхгүй юу?

Бичих дадал 문법 활용 연습과 쓰기 연습

연습 1

Загварын дагуу өгүүлбэр болгож бичнэ үү.
다음을 보기와 같이 문장을 완성하세요.

> 보기   여기 / 도서관 / 있다 → 여기에 도서관이 있어요.

(1) 편의점 / 콜라 / 있다 → _____

(2) 집 / 강아지 / 없다 → _____

(3) 공항 / 경찰 / 있다 → _____

(4) 냉장고 / 김치 / 있다 → _____

(5) 사무실 / 지도 / 없다 → _____

(6) 시내 / 시청 / 있다 → _____

(7) 기숙사 / 창문 / 있다 → _____

(8) 아파트 / 엘리베이터 / 없다 → _____

(9) 마트 / 사람들 / 있다 → _____

(10) 은행 / 돈 / 있다 → _____

(11) 창원 / 창신대 / 있다 → _____

(12) 화장실 / 세면대 / 있다 → _____

(13) 학교 / 헬스장 / 있다 → _____

(14) 병원 / 식당 / 없다 → _____

(15) 교실 / 텔레비전 / 없다 → _____

Дараах харилцан яриаг гүйцээнэ үү.

다음 대화를 완성하세요.

> **보기**　교실에 뭐가 있어요? → 교실에 책상이 있어요.
> 창신대학교가 어디에 있어요? → 창신대학교가 창원에 있어요.

(1) 강의실에 뭐가 있어요?　　→ _____

(2) 강의실에 뭐가 없어요?　　→ _____

(3) 시장에 뭐가 있어요?　　→ _____

(4) 병원에 뭐가 없어요?　　→ _____

(5) 편의점에 뭐가 있어요?　　→ _____

(6) 서울에 뭐가 있어요?　　→ _____

(7) 창원에 뭐가 없어요?　　→ _____

(8) 학교에 뭐가 있어요?　　→ _____

(9) 선생님이 어디에 있어요?　　→ _____

(10) 친구가 어디에 있어요?　　→ _____

(11) 고양이가 어디에 있어요?　　→ _____

(12) 지하철이 어디에 있어요?　　→ _____

(13) 김해공항이 어디에 있어요?　→ _____

(14) 해운대가 어디에 있어요?　　→ _____

(15) 도서관이 어디에 있어요?　　→ _____

Дараах өгүүлбэрийг Солонгосоор орчуулна уу.
다음 문장을 한국어로 번역해서 쓰세요.

(1) Сургуульд номын сан байгаа. →

(2) Сургуульд мод байгаа. →

(3) Ангид самбар байгаа. →

(4) Ангид зурагт байхгүй. →

(5) Угаалгын өрөөнд хатагч байгаа. →

(6) Угаалгын өрөөнд индүү байхгүй. →

(7) Спортын талбайд бөмбөг байгаа. →

(8) Гэрт гэрийн утас байгаа. →

(9) Дэлгүүрт АТМ байхгүй. →

(10) Захад машин байгаа. →

(11) Машинд шүхэр байгаа. →

(12) Албаны өрөөнд канон байгаа. →

문법 3.   N에 가요[와요]

Дүрмийн тайлбар 문법 설명

- '에 가요/와요'- нь байршил заасан нэр үгэнд залгана.

- Үйлийн өрнөх чиглэл, хүрэх газрыг илэрхийлнэ.

- Монгол хэлнээ (руу, рүү, заримдаа д, т) гэж хэрэглэнэ.

- (가다-явах, 오다-ирэх, 다니다 -иржочих) зэрэг үйл үгтэй хамт хэрэглэдэг.

Дүрмийн илэрхийлэл 문법 표현 연습

내일 학교에 가요.	Маргааш сургууль руугаа явна.
저는 회사에 다녀요.	Би компанид явдаг.
친구가 몽골에 가요.	Найз Монгол руу явна.
지금 학교 식당에 가요.	Одоо сургуулийн цайны газар луу явна.
교수님이 공원에 가요.	Багш цэцэрлэгт хүрээлэн руу явна.
손님이 집에 와요.	Зочин гэрт ирнэ.
알리 씨는 매일 수영장에 다녀요.	Али өдөр бүр усан санд явдаг.
간호사가 병원에 가요.	Сувилагч эмнэлэг руу явна.

Бичих дадал 문법 활용 연습과 쓰기 연습

연습 1

Тохирох нөхцөлийг сонгож зааврын дагуу бичнэ үү.

알맞은 것을 골라서 보기와 같이 쓰세요.

> **보기** 저 / 미국(에/에서) / 가다 → 저는 미국에 가요.
> 학생 / 식당(에/에서) 밥 / 먹다. → 학생이 식당에서 밥을 먹어요.

(1) 지연 씨 / 몽골(에 / 에서) 가다 → _____

(2) 운동장(에 / 에서) 운동 / 하다 → _____

(3) 의사 / 병원(에 / 에서) 가다 → _____

(4) 알리 씨 / 미용실(에 / 에서) 가다 → _____

(5) 사무실(에 / 에서) 일 / 하다 → _____

(6) 시내(에 / 에서) 구경 / 하다 → _____

(7) 내일 / 기숙사(에 / 에서) 가다 → _____

(8) 학생 / 학원(에 / 에서) 다니다 → _____

(9) 동생 / 수영장(에 / 에서) 가다 → _____

(10) 우리 / 공항(에 / 에서) 가다 → _____

(11) 어머니 / 집(에 / 에서) 요리하다 → _____

(12) 친구 / 우체국(에 / 에서) 가다 → _____

(13) 선수 / 헬스장(에 / 에서) / 가다 → _____

(14) 나 / 몽골(에 / 에서) 가다 → _____

(15) 방(에 / 에서) 영화 / 보다 → _____

Дараах харилцан яриаг гүйцээнэ үү.

다음 대화를 완성하세요.

> | 보기 | 교실에 가요? → 아니요, 도서관에 가요. |

(1) 학교에 가요?　　　→　아니요, _____

(2) 병원에 가요?　　　→　네, _____

(3) 커피숍에 가요?　　→　아니요, _____

(4) 수영장에 가요?　　→　네, _____

(5) 마트에 가요?　　　→　아니요, _____

(6) 휴게실에 가요?　　→　네, _____

(7) 일본에 가요?　　　→　아니요, _____

(8) 버스 정류장에 가요?　→　네, _____

(9) 사무실에 가요?　　→　아니요, _____

(10) 2층에 가요?　　　→　네, _____

(11) 어디에 가요?　　　→　_____

(12) 어디에 가요?　　　→　_____

(13) 어디에 가요?　　　→　_____

(14) 어디에 가요?　　　→　_____

(15) 어디에 가요?　　　→　_____

Дараах өгүүлбэрийг Солонгосоор орчуулна уу.
다음 문장을 한국어로 번역해서 쓰세요.

(1) Цагдаа цагдаагийн газар луу явна. → _____

(2) Дүү цэцэрлэг руу явна. → _____

(3) Номын сан руу явна. → _____

(4) Тогломын газар луу явна. → _____

(5) Сүхбаатарын талбай руу явна . → _____

(6) Герман руу явна. → _____

(7) Спортын талбайруу явна. → _____

(8) Би дотуур байранд ирнэ. → _____

(9) Дэлгүүр руу явна. → _____

(10) Машины зах руу явна . → _____

(11) Далай руу явна. → _____

(12) Улаанбаатар хот руу явна. → _____

문법 4. N앞[뒤, 옆]

Дүрмийн тайлбар 문법 설명

- 'N앞, 뒤, 옆'- нь зүг чиг заасан үгс болно.

- Нөхцөл гэхээс илүү анхан шатны хичээлийн явцад болон цаашлаад энгийн хэр эглээнд их ашигладаг тул тусгайлан судалж байгаа болно.

- '에 있어요, -(으)로' зэрэг нөхцөлүүдтэйхамт хэрэглэдэг.

Дүрмийн илэрхийлэл 문법 표현 연습

앞 - урд, өмнө	건너편 - цаад тал
옆 - хажууд, дэргэд	맞은편 - эсрэг тал
뒤 - ард, хойно	똑바로 - чигээрээ
아래 - доор	쪽 - чигээрээ
안 - дотор	동 - зүүн
밖 - гадна, гадаа	서 - баруун
위 - дээр	남 - өмнөд, урд
사이 - дунд, хооронд, завсар	북 - умард, хойд
왼쪽 - зүүн тал	밑 - доор
오론쪽 - баруун тал	양쪽 - хоёр тал

Бичих дадал 문법 활용 연습과 쓰기 연습

연습 1

Загварын дагуу өгүүлбэр болгож бичнэ үү.
다음을 보기와 같이 문장을 완성하세요.

> **보기** 집이 어디에 있어요? → 집이 은행 옆에 있어요.
> 집 옆에 뭐가 있어요? → 집 옆에 은행이 있어요.

(1) 약국이 어디에 있어요? →

(2) 학생 식당이 어디에 있어요? →

(3) 커피숍이 어디에 있어요? →

(4) 미용실이 어디에 있어요? →

(5) 몽골이 어디에 있어요? →

(6) 프랑스가 어디에 있어요? →

(7) 책상이 어디에 있어요? →

(8) 가방이 어디에 있어요? →

(9) 백화점이 어디에 있어요? →

(10) 공원 뒤에 뭐가 있어요? →

(11) 책상 밑에 뭐가 있어요? →

(12) 침대 앞에 뭐가 있어요? →

(13) 도서관 왼쪽에 뭐가 있어요? →

(14) 칠판 오른쪽에 뭐가 있어요? →

(15) 선생님 양쪽에 뭐가 있어요? →

Дараах өгүүлбэрийг Солонгосоор орчуулна уу.

다음 문장을 한국어로 번역해서 쓰세요.

(1) Монголын хажууд Орос улс байгаа. → _____

(2) Гэрийн урд гол байгаа. → _____

(3) Цүнх дотор ном байгаа. → _____

(4) Сургуулийн хойно эмнэлэг байгаа. → _____

(5) Ширээний доор хог байна. → _____

(6) Хайрцагын дээр утас байна. → _____

(7) Гэр ба дэлгүүрийн хооронд хүн б/а. → _____

(8) Эмнэлэгийн зүүн талд кафе байна. → _____

(9) Гал тогооны эсрэг талд ~~өрөө~~ байна. → _____

(10) Шүүгээний хоёр талд нь ор байна. → _____

(11) Музейн цаад талд маркет байна. → _____

(12) Машин дотор түрүүвч байна. → _____

Мэдлэгээ бататгая   자기 평가하기

• 4-р хичээл дээр судалсан дүрмээ хэр сайн ойлгож авснаа шалгаарай.
  제4과에서 배운 문법들을 얼마나 이해했는지 확인해 보세요.

• Дараах дүрмийн дагуу өгүүлбэр зохиож бичээд багшдаа хянуулаарай.
  다음 문법을 사용해서 문장을 만들고 교수님께 검토 받으세요.

여기가 N이에요/예요

(1) →　

(2) →　

(3) →　

N에 있어요[없어요]

(1) →　

(2) →　

(3) →　

N에 가요[와요]

(1) →　

(2) →　

(3) →　

N앞[뒤, 옆]

(1) →　

(2) →　

(3) →

Хичээл 5

제5과

Хичээлийн зорилт
학습 목표

문법 1. N에
- Дүрмийн тайлбар (문법 설명)
- Дүрмийн илэрхийлэл (문법 표현 연습)
- Бичих дадал (문법 활용 연습과 쓰기 연습)

문법 2. V-았/었
- Дүрмийн тайлбар (문법 설명)
- Дүрмийн илэрхийлэл (문법 표현 연습)
- Бичих дадал (문법 활용 연습과 쓰기 연습)

문법 3. V-고
- Дүрмийн тайлбар (문법 설명)
- Дүрмийн илэрхийлэл (문법 표현 연습)
- Бичих дадал (문법 활용 연습과 쓰기 연습)

문법 4. 안 - V
- Дүрмийн тайлбар (문법 설명)
- Дүрмийн илэрхийлэл (문법 표현 연습)
- Бичих дадал (문법 활용 연습과 쓰기 연습)

Дүрмийн тайлбар   문법 설명

- 'N에'-Цаг хугацааа заасан нэр үгийн ард залгана.

- 'N에' нь ямар нэгэн үйлдэл болох эсвэл үйлдэл хийх үе, цаг хугацаа, өдрийг хэлэхэд хэрэглэдэг.

- Монгол хэлнээ өгөх оршихын тийн ялгалын (д, т) нөхцөлтэй адилхан утгатай. 오늘-өнөөдөр, 내일-маргааш, 그저께-өчигдөр, 모레-нөгөөдөр, 어제-уржигдар, 언제-хэзээ зэрэг үгэнд 'N에' нөхцөлийг хэрэглэхгүй.

Дүрмийн илэрхийлэл   문법 표현 연습

주말에 영화를 봐요.	Амралтын өдөр кино үзнэ.
10월 11일에 생일 파티를 해요.	10 сарын 11-нд миний төрсөн өдөр.
월요일에 회의를 해요.	Даваа гаригт хурал хийдэг.
금요일에 시험을 쳐요.	Баасан гаригт шалгалт өгнө.
평일에 학교에 다녀요.	Ажлын өдрүүдэд сургуульд явдаг.
다음 달에 여행을 가요.	Дараа сард аяллаар явна.
이번 주에 아르바이트를 해요.	Энэ 7 хоногт цагийн ажил хийнэ.
내일 친구를 만나요.	Маргааш найзтайгаа уулзана.

Бичих дадал 문법 활용 연습과 쓰기 연습

연습 1

Загварын дагуу өгүүлбэр болгож бичнэ үү.
다음을 보기와 같이 문장을 완성하세요.

> **보기** 수요일 / 여행 / 가다 → 수요일에 여행을 가요.

(1) 목요일 / 옷 / 사다 → _____

(2) 화요일 / 이사 / 하다 → _____

(3) 일요일 / 등산 / 하다 → _____

(4) 12월 / 중국 / 가다 → _____

(5) 내일 / 숙제 / 하다 → _____

(6) 모레 / 약속 / 있다 → _____

(7) 올해 / 학교 / 입학하다 → _____

(8) 다음 달 / 졸업식 / 하다 → _____

(9) 주말 / 학원 / 다니다 → _____

(10) 언제 / 생일 파티 / 하다? → _____

(11) 모레 / 교수님 / 만나다? → _____

(12) 1월과 2월 / 수영 / 배우다 → _____

(13) 크리스마스 / 케이크 / 먹다 → _____

(14) 3월 29일 / 여자 친구 / 만나다 → _____

(15) 지금 / 숙제 / 하다 → _____

Загварын дагуу өгүүлбэр болгож бичнэ үү.

다음을 보기와 같이 문장을 완성하세요.

> **보기** 언제 일어나요? → 저는 아침 7시에 일어나요.

(1) 언제 아침을 먹어요? → _____

(2) 몇 시에 학교에 가요? → _____

(3) 언제 점심을 먹어요? → _____

(4) 언제 몽골에 가요? → _____

(5) 언제 이를 닦아요? → _____

(6) 언제 세수를 해요? → _____

(7) 언제 책을 읽어요? → _____

(8) 몇 시에 자요? → _____

(9) 언제 청소를 해요? → _____

(10) 수업이 몇 시에 시작해요? → _____

(11) 언제 부모님과 전화를 해요? → _____

(12) 몇 시에 출근해요? → _____

(13) 몇 시에 퇴근해요? → _____

(14) 언제 졸업 사진을 찍어요? → _____

(15) 언제 학교를 졸업해요? → _____

Дараах өгүүлбэрийг Солонгосоор орчуулна уу.
다음 문장을 한국어로 번역해서 쓰세요.

(1) Энэ 7 хоногт цаг байхгүй.   → _____

(2) Маргааш зах явна.   → _____

(3) Орой 7 цагт гэрээ цэвэрлэнэ.   → _____

(4) Өдөр 2 цагт сургуульд дасгал хийнэ. → _____

(5) Бид амралтын өдөр ууланд гардаг.   → _____

(6) Ням гаригт хотын төвд кино үзнэ.   → _____

(7) Дараа сард америк явна.   → _____

(8) Өнөөдөр Бусан руу явна.   → _____

(9) 1 сарын 20нд Топик шалгалт өгнө.   → _____

(10) Энэ сард тэмцээнд оролцоно.   → _____

(11) Пүрэв гаригт эмнэлэг явна.   → _____

(12) Цагаан сард гэрлүүгээ явна.   → _____

문법 2. V-았/었

Дүрмийн тайлбар 문법 설명

• Үйл үг болон тэмдэг үйл үгийн үндсэнд залгаж, үйл явдал өнгөрсөн цагт болс ныг илэрхийлэх үйл нөхцөл.

• Үйл үг, болон тэмдэг үйл үгийг өнгөрсөн цагт төгсгөх үүрэгтэй.

• Өнгөрсөн цагт хийсэн үйл явдал буюу ингэсэн, тэгсэн, тийм байсан зэрэг утга тай.

• '았/었'ийн дараа төгсөх нөхцөлийн '아요/어요'-г залгаж '-았어요/었어요' гэж хэ рэглэнэ. Харин албаны буюу хүндэтгэлийн хэлбэрээр төгсөх бол '-습니다'г зал гаж 았습니다/었습니다' гэж хэрэглэнэ.

Дүрмийн илэрхийлэл 문법 표현 연습

-았	Үйл үг, тэмдэг үйл үгийн үндсийн төгсгөлийн үе ' ㅏ, ㅗ' эгшгээр төгссөн бол '았'-г залгана. - 'ㅏ' төгссөн үгэнд '았'-г залгахдаа нэг 'ㅏ' нь гээгдэх болно. - 'ㅗ' төгссөн үгэнд '았'-г залгахдаа 'ㅘ' гэсэн хос эгшиг үүсгэнэ.		
가다	갔어요	여행을 갔어요.	→ Аялалаар явсан.
만나다	만났어요	친구를 만났어요.	→ Найзтайгаа уулзсан.
오다	왔어요	선생님이 왔어요.	→ Багш иршлээ.
보다	봤어요	영화를 봤어요.	→ Кино үзсэн.

-었	ㅏ, ㅗ -аас бусад эгшиг, гийгүүлэгчээр төгссөн бол '었'-г залгана.			
먹다	먹었어요	사과를 먹었어요.	→	Алим идсэн.
읽다	읽었어요	책을 읽었어요.	→	Ном уншсан.
재미있다	재미있었어요	영화가 재미있었어요.	→	Кино сонирхолтойбсн
입다	입었어요	옷을 입었어요.	→	Хувцас өмссөн.

-ㅜ	- 'ㅜ' төгссөн үгэнд '었'-г залгахдаа 'ㅝ' гэсэн хос эгшиг үүсгэнэ.			
배우다	배웠어요	한국어를 배웠어요. → Солонгос хэл сурсан.		

-ㅣ	- 'ㅣ' төгссөн үгэнд '었'-г залгахдаа 'ㅕ' гэсэн эгшиг үүсгэнэ.			
마시다	마셨어요	커피를 마셨어요. → Кофег уусан.		

-ㅐ	- 'ㅐ' төгссөн үгэнд '었'-г залгахдаа 'ㅓ' нь гээгдэх болно.			
보내다	보냈어요	편지를 보냈어요. → Захиа илгэсэн.		

-하다	-'하다' төгссөн үйл үг, тэмдэг үйл үгэнд '았'г залгахдаа '했' болж хувирдаг болно.			
공부하다	공부했어요	저는 공부했어요. → Би хичээл хийсэн.		
일하다	일했어요	아버지가 일했어요. → Аав ажил хийдэг байсан.		

Тодруулга기억하기	작다, 많다. 적다 гэх мэт үгнүүдэд залгахдаа тухайн үгийн гий гүүлэгчийг ямар эгшгээр амилуулж байгаагаас хамааран өөр өөр залгаж хэрэглэнэ.			
작다	작았어요	교실이 작았어요. → Анги жижиг байсан.		
많다	많았어요	학생이 많았어요. → Оюутан их байсан.		
적다	적었어요	사람이 적었어요. → Хүмүүс бага байсан.		
좋다	좋았어요	날씨가 좋았어요. → Цаг агаар сайхан байсан.		

Бичих дадал 문법 활용 연습과 쓰기 연습

연습 1

Дараах хүснэгтийг бөглөнө үү.
다음 표를 완성하세요.

보기		가다 → 갔어요. 먹다 → 먹었어요.

	았어요/었어요		았어요/었어요
가다		많다	
자다		좋다	
보다		없다	
오다		있다	
먹다		작다	
앉다		적다	
살다		가르치다	
배우다		쉬다	
만들다		공부하다	
만나다		숙제하다	
읽다		세수하다	
주다		일하다	
마시다		이야기하다	

Загварын дагуу өгүүлбэр болгож бичнэ үү.

다음을 보기와 같이 문장을 완성하세요.

보기	밥 / 먹다 → 밥을 먹<u>었어요</u>.

---

(1) 우유 / 마시다   → _____

(2) 학교 / 가다   → _____

(3) 친구 / 만나다   → _____

(4) 과일 / 먹다   → _____

(5) 영화 / 보다   → _____

(6) 책 / 읽다   → _____

(7) 숙제 / 하다   → _____

(8) 공부 / 하다   → _____

(9) 사람 / 많다   → _____

(10) 가방 / 작다   → _____

(11) 사진 / 찍다   → _____

(12) 한국어 / 가르치다   → _____

(13) 옷 / 사다   → _____

(14) 요리 / 하다   → _____

(15) 한국어 / 배우다   → _____

Загварын дагуу өгүүлбэр болгож бичнэ үү.

다음을 보기와 같이 문장을 완성하세요.

보기	언제 일어났어요? → 저는 아침 7시에 일어났어요.

---

(1) 언제 아침을 먹었어요?　　　→ _____

(2) 몇 시에 학교에 갔어요?　　　→ _____

(3) 언제 점심을 먹었어요?　　　→ _____

(4) 언제 몽골에서 왔어요?　　　→ _____

(5) 언제 빵을 샀어요?　　　　　→ _____

(6) 언제 세수를 했어요?　　　　→ _____

(7) 언제 책을 읽었어요?　　　　→ _____

(8) 어제 몇 시에 잤어요?　　　　→ _____

(9) 언제 집 청소를 했어요?　　　→ _____

(10) 수업이 몇 시에 끝났어요?　　→ _____

(11) 언제 부모님과 전화를 했어요? → _____

(12) 오늘 몇 시에 출근했어요?　　→ _____

(13) 그저께 몇 시에 퇴근했어요?　→ _____

(14) 언제 졸업 사진을 찍었어요?　→ _____

(15) 언제 학교를 졸업했어요?　　→ _____

Дараах өгүүлбэрийг Солонгосоор орчуулна уу.
다음 문장을 한국어로 번역해서 쓰세요.

(1) Цэцэрлэг хүрээлэнд хүн их байсан. → _____

(2) Талхны газраас талх авсан. → _____

(3) Өчигдөр цаг агаар сайхан байсан. → _____

(4) Өнгөрсөн 7 хоногт кино үзсэн. → _____

(5) Үдээс өмнө явсан. → _____

(6) Өдөр бэлэн хоол идсэн. → _____

(7) Такси сургууль хүртэл ирсэн. → _____

(8) Найз төрсөн өдрийн бэлэг өгсөн. → _____

(9) Тэр номыг уншсан уу? → _____

(10) Ус уусан уу? → _____

(11) Амралтын өдөр юу хийсэн бэ? → _____

(12) Эмнэлэгт эмийн сан байсан. → _____

Дүрмийн тайлбар 문법 설명

* Хоёр болон түүнээс дээш үйлдлийг холбож нэг өгүүлбэр болгон илэрхийлэх үед хэрэглэнэ.

* Монгол хэлнээ (тэгээд, ингээд буюу -аад, -оод, -ээд) гэсэн утгыг илэрхийлнэ.

* Энэ хичээл дээр зөвхөн үйл үгэнд залгадаг талаар үзсэн бол хичээл 7 дээр тэмдэг үйл үг, үйл үгэнд залгадаг хэлбэрээр судлах болно.

Дүрмийн илэрхийлэл 문법 표현 연습

주말에 영화를 보고 쉬었어요.
Амралтын өдөр кино үзээд амарсан.

아침을 먹고 운동을 해요.
Өглөөний цайгаа уугаад дасгал хийдэг.

오늘 회의를 하고 퇴근했어요.
Өнөөдөр хурал хийгээд ажлаасаа тарсан.

도서관에서 공부를 하고 친구를 만나요.
Номын санд хичээл хийгээд найзтай уулзана.

집에서 청소를 하고 요리를 해요.
Гэртээ цэвэрлээлгээ хийгээд хоол хийдэг.

공원에서 산책을 하고 책을 읽어요.
Хүрээлэнд зугаалаад ном уншдаг.

태권도를 배우고 학원에 가요.
Таеквондод явчхаад сургалтыг төв руу явдаг.

저녁에 운동을 하고 샤워를 해요.
Орой дасгал хийгээд усанд ордог.

Бичих дадал 문법 활용 연습과 쓰기 연습

연습 1

Загварын дагуу өгүүлбэр болгож бичнэ үү.
다음을 보기와 같이 문장을 완성하세요.

| 보기 | 밥 먹다 / 운동 하다 → 밥을 먹고 운동을 해요. |

(1) 차 마시다 / 컵 씻다　　　→ _____

(2) 7시 일어나다 / 학교 가다　→ _____

(3) 친구와 식사하다 / 쇼핑하다　→ _____

(4) 수업하다 / 친구 집에 가다　→ _____

(5) 저녁 먹다 / 영화 보다　　→ _____

(6) 친구 쇼핑하다 / 같이 만화 읽다 → _____

(7) 숙제하다 / 게임하다　　　→ _____

(8) 회의하다 / 편의점 가다　　→ _____

(9) 점심 먹다 / 커피 마시다　→ _____

(10) 일 하다 / 손 씻다　　　→ _____

(11) 세수 하다 / 이 닦다　　→ _____

(12) 물 마시다 / 밥 먹다　　→ _____

(13) 옷 입다 / 나가다　　　→ _____

(14) 편지 읽다 / 답장 했다　→ _____

(15) 시내 구경하다 / 집 가다　→ _____

Загварын дагуу өгүүлбэр болгож бичнэ үү.

다음을 보기와 같이 대화를 완성하세요.

> **보기** 언제 일어났어요? → 저는 아침 7시에 일어났어요.

(1) 먼저 영화를 보고 차를 마실까요? →

(2) 수업이 끝나고 무엇을 해요? →

(3) 밥을 먹고 양치를 해요? →

(4) 게임을 하고 무엇을 해요? →

(5) 저녁에 퇴근하고 무엇을 해요? →

(6) 주말에 등산을 하고 무엇을 했어요? →

(7) 어제 이사를 하고 무엇을 했어요? →

(8) 쇼핑을 하고 무엇을 했어요? →

(9) 스키를 타고 무엇을 했어요? →

(10) 아이스크림을 사고 무엇을 했어요? →

(11) 숙제를 하고 무엇을 해요? →

(12) 학교를 졸업하고 무엇을 해요? →

(13) 아침에 출근하고 무엇을 해요? →

(14) 학교 가서 무엇을 해요? →

(15) 몽골에 가서 무엇을 해요? →

Загварын дагуу өгүүлбэр болгож бичнэ үү.

다음을 보기와 같이 문장을 완성하세요.

> **보기**   밥을 먹어요. 양치를 해요. → 밥을 먹고 양치를 해요.

(1) 차를 준비해요. 친구하고 마셔요.

→ _____

(2) 어머니는 식사를 해요. 커피를 마셔요.

→ _____

(3) 10시에 세수를 해요. 잠을 자요.

→ _____

(4) 저녁을 먹어요. 숙제를 해요.

→ _____

(5) 영화를 봐요. 집 정리를 해요.

→ _____

(6) 학교에서 한국어를 공부해요. 학교에서 점심을 먹어요.

→ _____

(7) 먼저 학교를 졸업해요. 고향에 돌아가요.

→ _____

Дараах өгүүлбэрийг Солонгосоор орчуулна уу.
다음 문장을 한국어로 번역해서 쓰세요.

(1) Угаалгын өрөөнд гараа угаагаад ирээрэй.

→ _____

(2) Орой гэртэй даалгавраа хийчхээд тоглом тоглодог.

→ _____

(3) Маргааш ууланд гарчхаад ажилдаа явдаг.

→ _____

(4) Багштайгаа утсаар ярьчхаад сургууль руу явсан.

→ _____

(5) Тэр киног үзээд их уйлсан.

→ _____

(6) Шалгалт өгчхөөд Монгол явсан.

→ _____

(7) Сургуулиа төгсөөд ажилд орно.

→ _____

(8) Дугуй унаад хотоор аялна.

→ _____

Дүрмийн тайлбар   문법 설명

- '안' нь Үйл үг болон тэмдэг үйл үгийн өмнө орж тухайн үг, үйл явдлыг үгүйсг эх утгатай хэрэглэдэг.

- 공부하다, 일하다, 청소하다 зэрэг үгийг үгүйсгэхдээ нэр үг болон 하다 гэсэн үги йн голд нь буюу 하다-гийн өмнө орж хэрэглэнэ.

Дүрмийн илэрхийлэл   문법 표현 연습

숙제를 안 했어요.	Даалгавраа хийгээгүй.
여기는 공기가 안 좋아요.	Энэ газрын агаар нь муу.
방학에 고향에 안 가요.	Амралтаар нутагруу явахгүй.
저는 김치를 안 먹어요.	Би кимчи иддэггүй.
주말에 등산을 안 해요.	Амралтын өдөр ууланд гарахгүй.
태권도를 안 배워요.	Би таеквондо сурдаггүй.
오늘 학교에 안 갔어요.	Өнөөдөр сургууль очоогүй.
어제 친구를 안 만났어요.	Өчигдөр найзтайгаа уулзаагүй.

Бичих дадал 문법 활용 연습과 쓰기 연습

연습 1

Загварын дагуу өгүүлбэр болгож бичнэ үү.
다음을 보기와 같이 문장을 완성하세요.

보기	
만나다	→ <u>안</u> 만나요.
운동하다	→ 운동 <u>안</u> 해요.

가다 _____   많다 _____

자다 _____   좋다 _____

보다 _____   없다 _____

오다 _____   있다 _____

먹다 _____   작다 _____

앉다 _____   적다 _____

살다 _____   가르치다 _____

배우다 _____   쉬다 _____

만들다 _____   공부하다 _____

만나다 _____   숙제하다 _____

읽다 _____   세수하다 _____

주다 _____   일하다 _____

마시다 _____   이야기하다 _____

Загварын дагуу асуултад хариулна уу.

다음을 보기와 같이 질문에 대답하세요.

> **보기**　　아침 밥을 먹었어요? → 아니요. 아침 밥을 <u>안</u> 먹었어요.

(1) 한국어 숙제를 했어요?　　　　→ _____

(2) 오늘 수영장에 가요?　　　　　→ _____

(3) 오늘 집에서 몽골 요리를 해요? → _____

(4) 돼지고기를 먹어요?　　　　　→ _____

(5) 영어를 공부해요?　　　　　　→ _____

(6) 한국 드라마를 봐요?　　　　　→ _____

(7) 아침 운동을 해요?　　　　　　→ _____

(8) 한국 신문을 읽어요?　　　　　→ _____

(9) 주말에 소설책을 읽어요?　　　→ _____

(10) 학생 식당에서 밥을 먹어요?　→ _____

(11) 담배를 피워요?　　　　　　　→ _____

(12) 차를 직접 운전해요?　　　　　→ _____

(13) 회사에 택시 타고 가요?　　　→ _____

(14) 어제 집에 갔어요?　　　　　　→ _____

(15) 지난달에 아르바이트를 했어요? → _____

Дараах өгүүлбэрийг Солонгосоор орчуулна уу.
다음 문장을 한국어로 번역해서 쓰세요.

(1) Багш дасгал хийдэггүй. → _____

(2) Өчигдөр дугуй унаагүй. → _____

(3) Өнөөдөр хөлбөмбөг тоглохгүй. → _____

(4) Найзтайгаа утсаар яриагүй. → _____

(5) Амралтын өдөр Бусан яваагүй. → _____

(6) Өглөө 7 цагт босоогүй. → _____

(7) Төрсөн өдрийн бэлэг аваагүй. → _____

(8) Би кофе уухгүй. → _____

(9) Манай найз бэлэн хоол иддэггүй. → _____

(10) Их дэлгүүрээс хувцас авахгүй. → _____

(11) Би мэдээ үздэггүй. → _____

(12) Өглөө усанд ороогүй. → _____

Мэдлэгээ бататгая 자기 평가하기

- 5-р хичээл дээр судалсан дүрмээ хэр сайн ойлгож авснаа шалгаарай.
  제5과에서 배운 문법들을 얼마나 이해했는지 확인해 보세요.
- Дараах дүрмийн дагуу өгүүлбэр зохиож бичээд багшдаа хянуулаарай.
  다음 문법을 사용해서 문장을 만들고 교수님께 검토 받으세요.

N에

(1) → _____

(2) → _____

(3) → _____

V-았/었

(1) → _____

(2) → _____

(3) → _____

V-고

(1) → _____

(2) → _____

(3) → _____

안 V

(1) → _____

(2) → _____

(3) → _____

Хичээл 6

제6과

Хичээлийн зорилт
학습 목표

문법 1. V-(으)세요
- Дүрмийн тайлбар (문법 설명)
- Дүрмийн илэрхийлэл (문법 표현 연습)
- Бичих дадал (문법 활용 연습과 쓰기 연습)

문법 2. N 개[병, 잔, 그릇]
- Дүрмийн тайлбар (문법 설명)
- Дүрмийн илэрхийлэл (문법 표현 연습)
- Бичих дадал (문법 활용 연습과 쓰기 연습)

문법 3. N이/가 A-아요/어요
- Дүрмийн тайлбар (문법 설명)
- Дүрмийн илэрхийлэл (문법 표현 연습)
- Бичих дадал (문법 활용 연습과 쓰기 연습)

문법 4. N도
- Дүрмийн тайлбар (문법 설명)
- Дүрмийн илэрхийлэл (문법 표현 연습)
- Бичих дадал (문법 활용 연습과 쓰기 연습)

Дүрмийн тайлбар 문법 설명

* Үйл үгийн үндсэнд залгаж шаардан хүсэх утга илэрхийлнэ.

* '세요'-г эгшгээр төгссөн үйл үгэнд, '으세요'-г гийгүүлэгчээр төгссөн үйл үгэнд залгана.

* Монгол хэлнээ (тэгээрэй, ингээрэй, тэгээч, ингээч) гэсэн утгатай.

* 살다, 만들다 зэрэг төгссөн үгэнд '세요' нөхцөлийг залгахдаа 'ㄹ' үсэг гээгдэж 사세요, 만드세요 гэж бичигдэнэ.

Дүрмийн илэрхийлэл 문법 표현 연습

오늘 병원에 가세요.	Өнөөдөр эмнэлэг яваарай.
주말에 영화를 보세요.	Амралтын өдөр кино үзээрэй.
월요일에 사무실에 오세요.	Даваа гаригт албаны өрөө руу ирээрэй.
여기에 앉으세요.	Энд суугаарай.
10분 동안 쉬세요.	10 минут хүлээгээрэй.
선생님 질문에 대답하세요.	Багшийн асуултад хариулаарай.
여러분, 책을 보세요.	Залуус аа, номоо хараарай.
한국어로 번역하세요.	Солонгос хэлээр орчуулаарай.

Бичих дадал 문법 활용 연습과 쓰기 연습

Дараах хүснэгтийг бөглөнө үү.
다음 표를 완성하세요.

보기	가다 → 가<u>세요</u>. 읽다 → 읽<u>으세요</u>.

	세요/으세요		세요/으세요
가다		하다	
자다		보내다	
보다		찍다	
오다		씻다	
먹다		입다	
앉다		받다	
살다		가르치다	
배우다		쉬다	
만들다		공부하다	
만나다		숙제하다	
읽다		세수하다	
주다		일하다	
마시다		이야기하다	

Загварын дагуу өгүүлбэр болгож бичнэ үү.
다음을 보기와 같이 문장을 완성하세요.

보기   의자에 (   ). → 의자에 앉으세요.

(1) 한국어 책을 ( ).   → _____

(2) 오늘 몽골 요리를 ( ). → _____

(3) 오늘 집에 ( ).   → _____

(4) 마트에서 콜라를 ( ). → _____

(5) 영어 공부를 열심히 ( ). → _____

(6) 듣기 연습을 많이 ( ). → _____

(7) 아침 식사를 꼭 ( ). → _____

(8) 따뜻한 물을 ( ). → _____

(9) 지하철을 ( ).   → _____

(10) 주말에 운동을 ( ). → _____

(11) 흡연실에서 담배를 ( ). → _____

(12) 5층 휴게실에서 ( ). → _____

(13) 103번 버스를 ( ). → _____

(14) 약속 시간에 꼭 ( ). → _____

(15) ATM에서 돈을 ( ). → _____

Дараах өгүүлбэрийг Солонгосоор орчуулна уу.
다음 문장을 한국어로 번역해서 쓰세요.

(1) Хаалга хаагаарай. → _____

(2) Цонхоо онгойлгоорой. → _____

(3) 5 давхарт ирээрэй. → _____

(4) Энэ зайрмагийг идээрэй. → _____

(5) Номын санд хичээл хийгээрэй. → _____

(6) Хурдан эмнэлэг руу яваарай. → _____

(7) Монгол хэл заагаарай. → _____

(8) Тэр хүнийхажууд суугаарай. → _____

(9) Энэ зургийг зураарай. → _____

(10) Энэ толь бичгийг худалдаарай. → _____

(11) Хогоо хогийн саванд хийгээрэй. → _____

(12) Шалгалтын бэлтгэлээ сайн хийгээрэй. → _____

문법 2. N 개[병, 잔, 그릇]

Дүрмийн тайлбар 문법 설명

- '안' Солонгос хэлэнд хүн амьтан, эд юмсын тоо, ширхэг, нэгжийг хэлэхдээ өөр өөрсдийн нэгж заасан нэр үг ашиглана.

- Монгол хэлэнд (Кофе 2 аягыг уусан) гэж тоо ширхгийг түрүүнд хэлдэг бол солонгос хэлэнд (2 аяга кофе уусан) гэж эзэн биеийг нь эхэнд дараа нь тоо ширхгийг хэлнэ.

Дүрмийн илэрхийлэл 문법 표현 연습

개 - ширхэг	장 - хуудасны ширхэг
명/사람 - хүний тоо	그릇 - таваг
마리 - амьтны тоо, толгой	박스 - хайрцаг
잔 - хундага, аяга	송이 - баглаа, цэцэг
대 - машин, техник, цахилгаан	인분 (1인분) - хоолны порц
병 - лонх, шил	벌 - хувцасны ширхэг
켤레 - гутал, оймсны хос	바구니 - сав
권 - боть, дэвтэр, ном	

Бичих дадал 문법 활용 연습과 쓰기 연습

연습 1

Загварын дагуу өгүүлбэр болгож бичнэ үү.
다음을 보기와 같이 문장을 완성하세요.

> **보기** 교실 / 의자 / 열 → 교실<u>에</u> 의자<u>가</u> 열 <u>개</u> 있어요.

(1) 한국어 책 / 아홉 / 있다　　　　→ _____

(2) 사과 / 세 / 주다　　　　　　　→ _____

(3) 도서관 / 학생 / 열다섯 / 있다　→ _____

(4) 집 / 강아지 / 두 / 있다　　　　→ _____

(5) 아침 / 커피 / 한 / 마셨다　　　→ _____

(6) 휴게실 / 휴대폰 / 네 / 있다　　→ _____

(7) 주차장 / 택시 / 여섯 / 있다　　→ _____

(8) 편의점 / 콜라 / 일곱 / 샀다　　→ _____

(9) 신발장 / 구두 / 여덟 / 있다　　→ _____

(10) 한 달 / 만화책 / 한 / 읽다　　→ _____

(11) 서점 / 공책 / 두 / 샀다　　　　→ _____

(12) 영화 표 / 네 / 예약했다　　　　→ _____

(13) 김치찌개 / 삼 / 먹었다　　　　→ _____

(14) 시장 / 귤 / 두 / 샀다　　　　　→ _____

(15) 저녁 / 햄버거 / 두 / 먹었다　　→ _____

Загварын дагуу асуултад хариулна уу.

다음을 보기와 같이 질문에 대답하세요.

보기 집에 공부방이 몇 개 있어요? → 집에 공부방이 두 개 있어요.

---

(1) 집에 책상이 몇 개 있어요? →

_____

(2) 집에 화장실이 몇 개 있어요? →

_____

(3) 기숙사에 냉장고가 몇 개 있어요? →

_____

(4) 기숙사에 창문이 몇 개 있어요? →

_____

(5) 교실에 학생이 몇 명 있어요? →

_____

(6) 교실에 컴퓨터가 몇 대 있어요? →

_____

(7) 휴게실에 정수기가 몇 대 있어요? →

_____

(8) 아쿠아리움에 물고기가 몇 마리 있어요? →

_____

(9) 냉장고에 콜라가 몇 병 있어요? →

_____

(10) 라면 몇 그릇을 먹어요? →

_____

(11) 하루에 커피를 몇 잔 마셔요? →

_____

(12) 고기를 몇 인분 먹어요? →

_____

(13) 가게에서 티셔츠 몇 벌 샀어요? →

_____

(14) 운동화 몇 켤레 있어요? →

_____

(15) 친구가 몇 명 있어요? →

_____

Дараах өгүүлбэрийг Солонгосоор орчуулна уу.
다음 문장을 한국어로 번역해서 쓰세요.

(1) Ангид сандал 20 ширхэг байна. → _____

(2) Ангид самбар 2 ширхэг байна. → _____

(3) Ангид хаалга 1 ширхэг байна. → _____

(4) Гэртээ 4 хүн байна. → _____

(5) Амьтны эмнэлэгт 5 муур байна. → _____

(6) Өглөө 2 аяга ус уудаг. → _____

(7) Тэнд 5 ширхэг автобус байна. → _____

(8) Цүнд дотор 2 ширхэг гар утас байна. → _____

(9) Угаалгын өрөөнд 1 ширхэг саван байна. → _____

(10) Нэг сард 1 ном уншдаг. → _____

(11) 6 хайрцаг ачаа явуулсан. → _____

(12) Сарнай цэцэг 1 баглааг авсан. → _____

문법 3. N이/가 A-아요/어요

Дүрмийн тайлбар 문법 설명

- Нэр үгэнд залгаж өгүүлбэрийн эзэн биеийг тодотгодог 'N이/가' нөхцөлийг залгаж, тэмдэг үйл үг ашиглан тухайн нэр үгийн шинж чанарыг илэрхийлдэг үед хэрэглэнэ.

- Эгшгээр төгссөн нэр үгэнд 가, гийгүүлэгчээр төгссөн нэр үгэнд 이 залгана.

- 'A -아요/어요'-гийн хувьд Тэмдэг үйл үгэнд залгаж өгүүлбэрийг дуусгах үүрэгтэй. 'A -아요/어요'-гийн хэрэглэх аргачлалыг хичээл 3-д дэлгэрэнгүйсудалсан болно.

Дүрмийн илэрхийлэл 문법 표현 연습

수박이 맛있어요.	Тарвас амттай.
운동화가 비싸요.	Пүүз үнэтэй.
날씨가 좋아요.	Цаг агаар сайхан байна.
영화가 재미있어요.	Кино их сонирхолтой.
집이 깨끗해요.	Гэр цэвэрхэн байна.
오렌지가 싸요.	Жүрж бол хямдхан.
사람이 많아요.	Хүмүүс их байна.
교실이 작아요.	Анги жижиг байна.

Бичих дадал 문법 활용 연습과 쓰기 연습

연습 1

Дараах хүснэгтийг бөглөнө үү.
다음 표를 완성하세요.

보기	싸다 → 싸<u>요</u>. 깨끗하다 → 깨끗<u>해요</u>.

아요/어요	아요/어요
바싸다	복잡하다
싸다	있다
좋다	없다
맛있다	편하다
재미있다	불편하다
재미없다	친절하다
멋있다	피곤하다
많다	힘들다
적다	필요하다
작다	행복하다
높다	쌀쌀하다
따뜻하다	흐리다
조용하다	밝다

Дараах харилцан яриаг гүйцээнэ үү.

다음 대화를 완성하세요.

> **보기** 컴퓨터가 비싸요? → 아니요, 컴퓨터가 싸요.

(1) 아이폰이 싸요? → 아니요, _____

(2) 돈가스가 맛없어요? → 아니요, _____

(3) 드라마가 재미있어요? → 아니요, _____

(4) 지갑에 돈이 많아요? → 아니요, _____

(5) 몽골이 따뜻해요? → 아니요, _____

(6) 의자가 너무 높아요? → 아니요, _____

(7) 어제 많이 피곤했어요? → 아니요, _____

(8) 서울에 길이 복잡해요? → 아니요, _____

(9) 일이 힘들어요? → 아니요, _____

(10) 선생님이 친절해요? → 네, _____

(11) 지금 행복해요? → 네, _____

(12) 동생이 멋있어요? → 네, _____

(13) 여기 공기가 좋아요? → 네, _____

(14) 이 책이 필요해요? → _____

(15) 날씨가 흐려요? → _____

Дараах өгүүлбэрийг Солонгосоор орчуулна уу.
다음 문장을 한국어로 번역해서 쓰세요.

(1) Их дэлгүүрт цүнх үнэтэй.　　　→ _____

(2) Захад эд зүйлс хямдхан.　　　→ _____

(3) Кофены газар их тухтай.　　　→ _____

(4) Автобус их тухгүй байсан.　　　→ _____

(5) Хүйтэн гоймон их амттай.　　　→ _____

(6) Энэ ном их сонирхолтой.　　　→ _____

(7) Жантай гоймон амтгүй байсан.　　　→ _____

(8) Солонгосын цаг агаар дулаахан.　　　→ _____

(9) Сургуулийн номын сан чимээ багтай. →　_____

(10) Энэ зам их төвөгтэй.　　　→ _____

(11) Тэр эрэгтэй дуучин царайлаг.　　　→ _____

(12) Цагийн ажил их хэцүү.　　　→ _____

문법 4. N도

Дүрмийн тайлбар 문법 설명

* 'N도' нь Нэр үгийн ард залгаж, ямар нэгэн зүйлийг нэмэж авах, эсвэл ямар нэгэн үйлдлийг давхар гүйцэтгэсэнийг илтгэхэд хэрэглэнэ.

* Монгол хэлнээ -ч, -ч гэсэн, -ч бас гэсэн сул үгтэй утга адилхан.

Дүрмийн илэрхийлэл 문법 표현 연습

(1) 편의점에서 라면을 샀어요. 김밥도 샀어요.
  → Дэлгүүрээс бэлэн гоймон авсан. Кимбаб ч бас авсан.

(2) 이 옷이 비싸요. 저 가방도 비싸요.
  → Энэ хувцас үнэтэй байна. Тэр хувцас ч гэсэн үнэтэй байна.

(3) 동생이 청소를 해요. 오빠도 청소를 해요.
  → Дүү цэвэрлээлгээ хийж байна. Ах ч гэсэн цэвэрлээлгээ хийж байна.

(4) 저는 한국 사람입니다. 지연 씨도 한국 사람입니다.
  → Би Солонгос хүн. Али ч гэсэн Солонгос хүн.

(5) 이 사람이 학생입니다. 저 사람도 학생입니다.
  → Энэ хүн бол оюутан. Тэр хүн ч бас оюутан.

Бичих дадал 문법 활용 연습과 쓰기 연습

Загварын дагуу өгүүлбэр болгож бичнэ үү.
다음을 보기와 같이 문장을 완성하세요.

> **보기** 저는 몽골 사람입니다. → <u>알리 씨도</u> 몽골 사람입니다.

(1) 이것은 의자입니다.　　　→ _____

(2) 여기가 몽골 식당입니다.　→ _____

(3) 동생이 자요.　　　　　　→ _____

(4) 김밥을 먹었어요.　　　　→ _____

(5) 가방 안에 책이 있어요.　→ _____

(6) 제 핸드폰은 아이폰입니다. → _____

(7) 커피를 안 마셔요.　　　　→ _____

(8) 오늘 학교에 안 가요.　　→ _____

(9) 친구가 숙제를 안 했어요. → _____

(10) 저는 수영을 잘 해요.　　→ _____

(11) 날씨가 따뜻해요.　　　　→ _____

(12) 시장에 사람이 많아요.　→ _____

(13) 저는 겨울을 좋아해요.　→ _____

(14) 노래방에서 노래를 했어요. → _____

(15) 불고기가 맛있어요.　　→ _____

Дараах өгүүлбэрийг Солонгосоор орчуулна уу.
다음 문장을 한국어로 번역해서 쓰세요.

(1) Ширээний дээр үзэг байна. Харандаа ч гэсэн байна.

→ _____

(2) Банкны баруун талд эмийн сан байна. Тэгээд бильярдны газар ч бас байна.

→ _____

(3) Маргааш өглөө сургуульд шалгалт өгнө. Тэгээд багштайгаа уулзана.

→ _____

(4) Надад америк найз байгаа. Солонгос найз ч байгаа.

→ _____

(5) Сургуулийн гадаа мод байгаа. Усан сан ч гэсэн байгаа.

→ _____

(6) Али Солонгос хэл сурч байгаа. Мөн Хятад хэлийг ч бас сурч байгаа.

→ _____

(7) Амралтын өдөр ажил хийнэ. Мө н найзтайгаа хамт ууланд гарна.

→ _____

(8) Онгоцны буудалд хүн их байна. Онгоц ч гэсэн их байна.

→ _____

Мэдлэгээ бататгая 자기 평가하기

- 6-р хичээл дээр судалсан дүрмээ хэр сайн ойлгож авснаа шалгаарай.
  제6과에서 배운 문법들을 얼마나 이해했는지 확인해 보세요.

- Дараах дүрмийн дагуу өгүүлбэр зохиож бичээд багшдаа хянуулаарай.
  다음 문법을 사용해서 문장을 만들고 교수님께 검토 받으세요.

V-(으)세요

(1) → _____

(2) → _____

(3) → _____

N 개[병, 잔, 그릇]

(1) → _____

(2) → _____

(3) → _____

N이/가 A-아요/어요

(1) → _____

(2) → _____

(3) → _____

N도

(1) → _____

(2) → _____

(3) → _____

Хичээл 7

제7과

Дүрмийн тайлбар   문법 설명

- Солонгос хэлэнд зарим нэг эгшиг, гийгүүлэгчийн араас эгшгээр эхэлсэн нөхцөл залгахад тухайн үсэг нь гээгдэх эсвэл өөр гийгүүлэгчээр хувирдаг тохиолдлууд байдаг.

- Тэрний нэг нь 'ㅂ' үсгийн дүрмийн бус хувилал юм.

- 덥다, 춥다, 고맙다 гэх мэт 'ㅂ' үсгээр төгссөн үйл үг, тэмдэг үйл үгийн үндсэн дээр эгшгээр эхэлсэн нөхцөл залгавал 'ㅂ' гийгүүлэгч '우' болж хувирна.

- Харин 돕다, 곱다 гэдэг үйл үгэнд '-아/어'-оор эхэлсэн нөхцөл залгахад 'ㅂ' гийгүүлэгч нь '오' болж хувирна.

- 입다, 좁다 гэх мэт үйл үг үсэг нь '우' болж хувирдаггүй дүрмийн хувилалт үг бүлно.

Дүрмийн илэрхийлэл   문법 표현 연습

할머니 집 김치는 매워요.	Эмээгийн гэрийн кимчи нь халуун шүү.
오늘 날씨가 너무 추워요.	Өнөөдөр цаг агаар хүйтэн байна.
한국말이 어려워요.	Солонгос хэл хэцүү юмаа.
강의실이 더워요.	Анги халуун байна.
경치가 아름다워요.	Байгаль үзэсгэлэнтэй юм.
이번 시험이 쉬웠어요.	Энэ удаагийн шалгалт амархан байсан.
어제 정말 고마웠어요.	Өчигдөр үнэхээр баярласан шүү.
어제 즐거웠어요.	Өчигдөр хөгжилтэй байлаа.

Бичих дадал 문법 활용 연습과 쓰기 연습

Дараах хүснэгтийг бөглөнө үү.
다음 표를 완성하세요.

	아요/어요	았어요/었어요
가깝다		
가볍다		
덥다		
춥다		
맵다		
무겁다		
반갑다		
쉽다		
어렵다		
귀엽다		
두껍다		
무섭다		
아깝다		
즐겁다		
아름답다		
고맙다		
시끄럽다		
더럽다		
차갑다		

Загварын дагуу асуултад хариулна уу.

다음을 보기와 같이 질문에 대답하세요.

> **보기** 강의실이 어때요? → 강의실이 추워요.

단어 춥다, 가볍다, 즐겁다, 무섭다, 쉽다, 귀엽다, 어렵다,
아름답다, 맵다, 차갑다, 시끄럽다, 예쁘다, 짜다

---

(1) 오늘 날씨가 어때요? → _____

(2) 김치찌개가 어때요? → _____

(3) 이 가방이 어때요? → _____

(4) 어제 시험이 어땠어요? → _____

(5) 공포 영화가 어땠어요? → _____

(6) 이 인형이 어때요? → _____

(7) 저 공원이 어때요? → _____

(8) 어제 생일 파티가 어땠어요? → _____

(9) 도서관이 어때요? → _____

(10) 바닷물이 어때요? → _____

(11) 오늘 수업이 어땠어요? → _____

(12) 이 구두가 어때요? → _____

연습 3

Дараах өгүүлбэрийг Солонгосоор орчуулна уу.
다음 문장을 한국어로 번역해서 쓰세요.

(1) Энэ өрөө их бохир байна.   → _____

(2) Манай гэр ойрхон.   → _____

(3) Анги их хүйтэн байна.   → _____

(4) Найзын ачаа их хүнд байсан.   → _____

(5) Уулзсандаа байртай байна.   → _____

(6) Энэ ном их сонирхолтой.   → _____

(7) Орой номын сан чимээтэй байсан. → _____

(8) Өнөөдрийн даалгавар амархан байсан. → _____

(9) Энэ хүүхэд их өхөөрдөм юмаа.   → _____

(10) Голын ус их хүйтэн байна.   → _____

(11) Кино их аймшигтай байлаа.   → _____

(12) Солонгос хоол их халуун ногоотой. → _____

문법 2. A/V-지만

Дүрмийн тайлбар 문법 설명

- Үйл үг, тэмдэг үйл үгийн үндсэн залгаж, хоёр ба түүнээс дээш өгүүлбэрийн утга нь эсрэг утгатайг илтгэх үйлийн холбох нөхцөл юм.

- Монгол хэлнээ (-вч, ч, боловч, гэвч) гэсэн утгыг илэрхийлнэ.

Дүрмийн илэрхийлэл 문법 표현 연습

(1) 날씨가 춥지만 맑아요.
→ Цаг агаар хүйтэн боловч цэлмэг байна.

(2) 한국어 공부는 어렵지만 재미있어요.
→ Солонгос хэл хэцүү ч гэсэн сонирхолтой.

(3) 공포영화를 보고 싶지만 볼 수 없어요.
→ Аймшгийн кино үзэхийг хүссэн ч үзэх боломжгүй.

(4) 김치는 맵지만 맛있어요.
→ Кимчи халуун ногоотой ч амттай.

(5) 영어는 잘하지만 중국어는 못 해요.
→ Англиар сайн ярьдаг ч Хятадаар ярьж чадахгүй.

(6) 사무실에 갔지만 사람이 없었어요.
→ Ажлын өрөө руу очсон боловч хүн байгаагүй.

Бичих дадал 문법 활용 연습과 쓰기 연습

연습 1

Загварын дагуу өгүүлбэр болгож бичнэ үү.
다음을 보기와 같이 문장을 완성하세요.

> 보기
> 교실에 사람이 많아요.
> → 교실에 사람이 <u>많지만</u> <u>밖에 사람이 없어요</u>.

(1) 내 동생은 키가 커요.

→ _____

(2) 이 자동차를 타고 싶어요.

→ _____

(3) 어제 학교에 갔어요.

→ _____

(4) 제 가방이 무거워요.

→ _____

(5) 선생님은 커피를 안 마셔요.

→ _____

(6) 학생 식당이 싸요.

→ _____

(7) 저는 한국 드라마를 좋아해요.

→ _____

(8) 서울 지하철은 편리해요.

→ _____

Дараах өгүүлбэрийг Солонгосоор орчуулна уу.
다음 문장을 한국어로 번역해서 쓰세요.

(1) Дасгал их хийдэгч сайн турахгүй байна.

→ _____

(2) Энэ дугуйг худалдаж авахыг хүссэн ч их үнэтэй байна.

→ _____

(3) Монгол руу очсон болов сайн амарч чадаагүй.

→ _____

(4) Банкны карт байгаа боловч бэлэн мөнгө байхгүй.

→ _____

(5) Их дэлгүүрт үнэтэй боловч бараа нь их чанартай.

→ _____

(6) Автобус хямдхан боловч хүн ихтэй байдаг.

→ _____

(7) Би солонгос кино үзэх дуртай боловч найз мань монгол кино үзэх дуртай.

→ _____

(8) Амралтын өдөр цагийн ажил хийсэн боловч одоо мөнгө байхгүй.

→ _____

Дүрмийн тайлбар 문법 설명

- Үйл үг болон тэмдэг үйл үгийн үндсэнд залгаж, өгүүлбэрийн төгсгөх үүрэгтэй.

- '아요/어요'-тай адилхан ямар нэг нь үйл явдлыг хүүрнэх, асуух болон захиран хүсэх хэлбэрт хэрэглэнэ.

- '아요/어요' нь албаны бус, энгийн хэллэгийн шинжтэй бол '-습니다/ㅂ니다' нь илүү албархаг, хүндэтгэлийн шинжтэй байдаг.

- Эгшгээр төгссөн үгэнд '-ㅂ니다', гийгүүлэгчээр төгссөн үгэнд '-습니다' залгана.

- Монгол хэлнээ тэгж байна, ингэж байна гэдэгтэй ордог -ж байна. -даг гэсэн утга илэрхийлнэ.

- -습니까? / ㅂ니까?' бол асуух хэлбэр юм.

- 살다, 만들다 зэрэг төгссөн үгэнд '-습니다/ㅂ니다' нөхцөлийг залгахдаа 'ㄹ' үсэг гээгдэж 삽니다, 만듭니다 гэж бичигдэнэ.

Дүрмийн илэрхийлэл 문법 표현 연습

알리 씨가 일을 합니다.	Али ажил хийж байна.
아침 9시에 학교에 갑니다.	Өглөө 9 цагт сургууль руу явна.
매일 한국어 책을 읽습니다.	Өдөр бүр солонгос хэлний ном уншдаг.
이 강의실이 작습니다.	Энэ анги жижигхэн байна.
학생 식당 밥이 맛있습니다.	Оюутны цайны газрын хоол амттай.
주말에 등산을 했습니다.	Амралтын өдөр ууланд алхсан.

Бичих дадал   문법 활용 연습과 쓰기 연습

연습 1

Дараах хүснэгтийг бөглөнө үү.
다음 표를 완성하세요.

	습니다/ㅂ니다	았습니다/었습니다
가다		
자다		
보다		
오다		
먹다		
앉다		
살다		
배우다		
만들다		
만나다		
읽다		
주다		
마시다		
공부하다		
숙제하다		
세수하다		
일하다		
이야기하다		
청소하다		

Дараах хүснэгтийг бөглөнө үү.

다음 표를 완성하세요.

	습니다/ㅂ니다	았습니다/었습니다
많다		
좋다		
없다		
있다		
작다		
적다		
멋있다		
바싸다		
싸다		
좋다		
맛있다		
재미있다		
재미없다		
피곤하다		
조용하다		
덥다		
춥다		
맵다		
무겁다		

Загварын дагуу өгүүлбэр болгож бичнэ үү.

다음을 보기와 같이 문장을 완성하세요.

> **보기**　　　　　食堂 / 밥 / 먹다 → 식당<u>에서</u> 밥을 먹<u>습니다</u>.

---

(1) 무엇 / 하다?　　　　　　→ _____

(2) 친구한테 / 편지 / 보내다　→ _____

(3) 겨울 날씨 / 춥다　　　　　→ _____

(4) 체육관 / 사람 / 많다　　　→ _____

(5) 공원 / 사진 / 찍다　　　　→ _____

(6) 도서관 / 읽기 복습 / 하다　→ _____

(7) 방 / 음악 / 듣다　　　　　→ _____

(8) 삼촌 / 운동 / 좋아하다　　→ _____

(9) 농구장 / 농구 / 하다　　　→ _____

(10) 주말 / 집 / 잠 / 자다　　→ _____

(11) 여기 / 물건 / 싸다　　　　→ _____

(12) 병원 / 상담 / 받다　　　　→ _____

(13) 길 / 택시 / 타다　　　　　→ _____

(14) 2시 / 비행기 / 내리다　　→ _____

(15) 헬스장 / 요가 / 배우다　　→ _____

Дараах өгүүлбэрийг Солонгосоор орчуулна уу.
다음 문장을 한국어로 번역해서 쓰세요.

(1) Өнгөрсөн сарын 5-ны өдөр солонгост ирсэн.

→ _____

(2) Энэ сард адал явдалтай кино үзэх болно.

→ _____

(3) Номын дэлгүүрээс харандаа, дэвтэр болон шугам худалдаж авсан.

→ _____

(4) Хятад найзтайгаа хамт Хятад руу аялалаар явна.

→ _____

(5) Энэ цайны газрын замын эсрэг талд хүүхдийн парк байгаа.

→ _____

(6) Манай ээж хоолыг сайн хийдэг.

→ _____

(7) Би усанд сэлэхэд дуртай боловч манай сургуульд бассейн байхгүй.

→ _____

(8) Би өглөө ширхэг өндөг идсэн. Мөн сүү уусан.

→ _____

문법 4. A/V-고

Дүрмийн тайлбар 문법 설명

- Хоёр болон түүнээс дээш үйл хөдлөл, нөхцөл байдлыг холбох үед хэрэглэнэ. Монгол хэлнээ "ж, ч, н" холбох нөхцөлтэй утгын хувьд адилхан.

- Заримдаа (бөгөөд, бас) гэсэн утгаар ч ашиглагдана.

- Хичээл 5 дээр зөвхөн үйл үгэнд залгадаг талаар үзсэн бол энэ хичээлээр тэмдэг үйл үг болон үйл үг үгэнд залгадаг хэлбэрээр судлах болно.

Дүрмийн илэрхийлэл 문법 표현 연습

수박이 맛있고 가격이 싸요.	Тарвас амттай, бас хямдхан.
집이 크고 깨끗해요.	Том бас цэвэрхэн гэр байна.
공원이 크고 사람이 많아요.	Хүрээлэн том бөгөөд хүн их байна.
학교가 가깝고 교통이 좋아요.	Сургууль ойрхон бөгөөд зам тээвэр ч тухтай юм.
그 가수는 예쁘고 키가 커요.	Тэр дуучин хөөрхөн бас нуруулаг юм.
구두가 가볍고 품질이 좋아요.	Гутал хөнгөхөн бас чанартай юм.
날씨가 좋고 공기가 맑습니다.	Цаг агаар сайхан бөгөөд агаар нь цэлмэг байна.
교실이 작고 불편합니다.	Анги жижигхэн бас тухгүй байна.

Бичих дадал 문법 활용 연습과 쓰기 연습

연습 1

Загварын дагуу асуултад хариулна уу.
다음을 보기와 같이 질문에 대답하세요.

> **보기** 방이 어때요? → 방이 작고 어두워요.

(1) 오늘 날씨가 어때요? → _____

(2) 김치찌개가 어때요? → _____

(3) 이 가방이 어때요? → _____

(4) 코트가 어때요? → _____

(5) 공포 영화가 어땠어요? → _____

(6) 이 인형이 어때요? → _____

(7) 저 공원이 어때요? → _____

(8) 백화점이 어때요? → _____

(9) 공항이 어때요? → _____

(10) 한국이 어때요? → _____

(11) 오늘 수업이 어땠어요? → _____

(12) 이 구두가 어때요? → _____

Дараах өгүүлбэрийг Солонгосоор орчуулна уу.
다음 문장을 한국어로 번역해서 쓰세요.

(1) Энэ хөргөгч том бөгөөд автомат.

→ _____

(2) Өвөл шөнө их харанхуй бас хүйтэн байдаг.

→ _____

(3) Солонгос их халуун бас чийглэг байна.

→ _____

(4) Манай багш ухаалаг бас тусархаг хүн.

→ _____

(5) Энэ камераа хямдхан бас авсаархан юм.

→ _____

(6) Манай найз хөөрхөн бас солонгосоор сайн ярьдаг.

→ _____

(7) Солонгос хоол амттай бас ногоо их байдаг.

→ _____

(8) Метро хурдан бас тухтай.

→ _____

Мэдлэгээ бататгая   자기 평가하기

• 7-р хичээл дээр судалсан дүрмээ хэр сайн ойлгож авснаа шалгаарай.
  제7과에서 배운 문법들을 얼마나 이해했는지 확인해 보세요.

• Дараах дүрмийн дагуу өгүүлбэр зохиож бичээд багшдаа хянуулаарай.
  다음 문법을 사용해서 문장을 만들고 교수님께 검토 받으세요.

'ㅂ' 불규칙

(1) → _____

(2) → _____

(3) → _____

A/V-지만

(1) → _____

(2) → _____

(3) → _____

A/V-습니다/ㅂ니다

(1) → _____

(2) → _____

(3) → _____

A/V-고

(1) → _____

(2) → _____

(3) → _____

Хичээл 8

제8과

Хичээлийн зорилт
학습 목표

문법 1. V-(으)ㄹ까요?
- Дүрмийн тайлбар (문법 설명)
- Дүрмийн илэрхийлэл (문법 표현 연습)
- Бичих дадал (문법 활용 연습과 쓰기 연습)

문법 2. 'ㄷ' 불규칙
- Дүрмийн тайлбар (문법 설명)
- Дүрмийн илэрхийлэл (문법 표현 연습)
- Бичих дадал (문법 활용 연습과 쓰기 연습)

문법 3. 이[그, 제] N
- Дүрмийн тайлбар (문법 설명)
- Дүрмийн илэрхийлэл (문법 표현 연습)
- Бичих дадал (문법 활용 연습과 쓰기 연습)

문법 4. A/V-네요
- Дүрмийн тайлбар (문법 설명)
- Дүрмийн илэрхийлэл (문법 표현 연습)
- Бичих дадал (문법 활용 연습과 쓰기 연습)

문법 1. V-(으)ㄹ까요?

Дүрмийн тайлбар   문법 설명

- Үйл үгийн үндсэнд залгаж, нөгөө хүнээс санал асуух эсвэл санал тавих үед хэрэглэнэ.

- Монгол хэлнээ тэгэх үү, ингэх үү буюу - x уу?, -х үү? гэсэн утгыг илэрхийлнэ. Зөвхөн асуух хэлбэрт хэрэглэнэ.

- Үйл үгийн үндэс эгшгээр төгссөн бол '-ㄹ까요?', гийгүүлэгчээр төгссөн бол '-을까요?' хэлбэрийг залгана.

- 살다, 만들다 зэрэг төгссөн үгэнд '-을까요?' нөхцөлийг залгахдаа 'ㄹ' үсэг гээгдэ ж 살까요?, 만들까요? гэж бичигдэнэ.

- Мөн гуравдагч эдгээдийн талаар асуух, ямар нэг юмны нөхцөл байдал, шинж тэмдэгийн талаар эргэлзэн асуух үед хэрэглэгдэг. (Жиш: 선생님이 학교에 계실 까요? 내일 날씨가 더울까요?)

Дүрмийн илэрхийлэл   문법 표현 연습

(1) 우리 이번주에 같이 제주도에 갈까요?
→ Бид энэ 7 хоногт хамт Жежү арал руу явах уу?

(2) 저녁에 기숙사에서 같이 한국어 공부를 할까요?
→ Орой дотуур байранд солонгос хэлний хичээлээ хийх үү?

(3) 내일 점심에 고깃집에서 소고기를 먹을까요?
→ Маргааш өдрийн хоолоо махны газарт үхрийн мах идэх үү?

(4) 이번 방학에 서울에서 고등학교 친구들을 만날까요?
→ Энэ удаагийн амралтаар Сөүлд очоод арван жилийн найзуудтай уулзах уу?

Бичих дадал 문법 활용 연습과 쓰기 연습

연습 1

Дараах хүснэгтийг бөглөнө үү.
다음 표를 완성하세요.

보기	
	가다 → 갈<u>까요</u>?
	먹다 → 먹을<u>까요</u>?

	ㄹ까요? / 을까요?		ㄹ까요? / 을까요?
사다		보다	
빌려주다		오다	
마시다		쉬다	
만나다		타다	
다니다		치다	
선물하다		찍다	
닫다		씻다	
읽다		보내다	
만들다		배우다	
살다		자다	
열다		일어나다	
준비하다		앉다	
공부하다		쓰다	

Загварын дагуу гүйцэтгээрэй.

다음을 보기와 같이 문장을 만드세요.

> **보기**   배가 고픕니다. → 그럼 우리 라면을 먹을까요?

(1) 저는 머리가 많이 아픕니다.   →   _____

(2) 저는 목이 너무 마릅니다.   →   _____

(3) 한국어 사전이 없습니다.   →   _____

(4) 백화점이 너무 비쌉니다.   →   _____

(5) 오늘 학교에 안 갑니다.   →   _____

(6) 내일은 제 생일입니다.   →   _____

(7) 주말에 몽골에서 동생이 옵니다. →   _____

(8) 날씨가 아주 좋습니다.   →   _____

(9) 저는 목요일에 약속이 있습니다. →   _____

(10) 방학에 베트남에 갑니다.   →   _____

(11) 주말에 아르바이트를 합니다.   →   _____

(12) 저는 비빔밥을 좋아합니다.   →   _____

(13) 어머, 밖에 비가 옵니다.   →   _____

(14) 교실이 너무 춥습니다.   →   _____

(15) 영화가 끝났습니다.   →   _____

Дараах өгүүлбэрийг Солонгосоор орчуулна уу.
다음 문장을 한국어로 번역해서 쓰세요.

(1) Энэ номын 45 -р хуудасны унших уу? → _____

(2) Хаана нэрээ бичих үү? → _____

(3) Багшийг хаана хүлээх үү? → _____

(4) Би жолоо барих уу? → _____

(5) Талх худалдаж авах уу? → _____

(6) Хэдүүлээ юу хийх үү? → _____

(7) Энэ суудалд суух уу? → _____

(8) Цонх онгойлгох уу? → _____

(9) Өдөр теннис тоглох уу? → _____

(10) Даалгавараа хамт хийх үү? → _____

(11) Цуйван хийх үү? → _____

(12) Толгой өвдөж байна. Эм уух уу? → _____

문법 2. 'ㄷ' 불규칙

Дүрмийн тайлбар 문법 설명

- 'ㄷ' үсгийн дүрмийн бус хувилал.
- 'ㄷ' гийгүүлэгчээр төгссөн (걷다, 듣다. 묻다) зэрэг үйл үгийн үндсэнд эгшээр эхэлсэн дагавар залгахад 'ㄷ' гийгүүлэгч нь 'ㄹ' гийгүүлэгч болж солигдоно.
- Харин (닫다, 믿다, 얻다, 받다) зэрэг үйл үгс дүрмийн дагуу хувирдаг болно.

Дүрмийн илэрхийлэл 문법 표현 연습

친구와 공원을 걸었어요.	Найзтай хамт цэцэрлэгт алхсан.
저는 한국 노래를 들어요.	Би солонгос дууг сонсдог.
먼저 이름을 물어보세요.	Эхлээд нэрийн асуугаарай.
강의실 창문을 닫아요.	Ангийн цонхийн хаа.
저는 이지연 씨를 믿어요.	Би Ижионд итгэдэг.
이 선물을 받으세요.	Энэ бэлгийг аваарай.

Бичих дадал 문법 활용 연습과 쓰기 연습

Дараах хүснэгтийг бөглөнө үү.
다음 표를 완성하시오.

	걷다	듣다	묻다
-아요/어요			
-았어요/었어요			
-고			
-으세요/세요			
-지만			
-습니다/ㅂ니다			
-을까요/ㄹ까요?			

	닫다	받다	믿다
-아요/어요			
-았어요/었어요			
-고			
-으세요/세요			
-지만			
-습니다/ㅂ니다			
-을까요/ㄹ까요?			

Бичих дадал   문법 활용 연습과 쓰기 연습

연습 2

Загварын дагуу өгүүлбэр болгож бичнэ үү.
다음을 보기와 같이 문장을 완성하세요.

> **보기**   저는 매일 한국 노래를 (듣 / 들)어요.
> → 저는 매일 한국 노래를 들어요

(1) 아침마다 학교 운동장에서 (걷 / 걸)어요.

→ _____

(2) 우리 저 다리에서 같이 (걷 / 걸)을까요?

→ _____

(3) 저는 이 가수 노래를 매일 (듣 / 들)었어요.

→ _____

(4) 한국 뉴스를 자주 (듣 / 들)으세요.

→ _____

(5) 저 사람 전화번호를 (묻 / 물)어 보세요.

→ _____

(6) 알리 씨 이야기를 (듣 / 들)었습니까?

→ _____

(7) 생일 축하해요. 제 선물을 (받 / 발)으세요.

→ _____

(8) 선생님, 창문을 (닫 / 달)을까요?

→ _____

Дараах өгүүлбэрийг Солонгосоор орчуулна уу.
다음 문장을 한국어로 번역해서 쓰세요.

(1) Сүүлийн үед ямар дуу сонсдог вэ?

→ _____

(2) Өчигдөр найзтайгаа хамт их алхсан.

→ _____

(3) Тэр хүнээс зам асуугаарай.

→ _____

(4) Өчигдөр ном уншаад мэдээ сонссон.

→ _____

(5) Хурдан хаалга хаагаарай.

→ _____

(6) Энэ уутыг аваарай.

→ _____

(7) Надад итгээрэй.

→ _____

(8) Сонсох дасгалын сонссон боловч ойлгоогүй.

→ _____

문법 3. 이[그, 저] N

Дүрмийн тайлбар 문법 설명

- '이, 그, 저'-нь хүн амьтан, эд юмсыг заасан төлөөний үг юм. Ихэвчлэн хүнийг заах, юмны нэршлийг заах үед хэрэглэдэг.

- '이 사람, 이 가방'-(энэ) буюу '이' нь яригчийн өөрт байгаа болон өөртөө маш ойрхон байгаа хүн амьтан, эд юмсыг заасан төлөөний үг.

- '그 사람, 그 가방'-(наад, тэр) буюу '그' нь яярьж эсвэл асууж байгаа хүнээс хол, сонсож эсвэл хариулах гэж байгаа хүнд ойрхон хүн амьтан, эд юмсыг заасан төлөөний үг.

- '저 사람, 저 가방'-(тэр, тэнд) буюу '저' нь яригч, сонсогчид хоёуланд нь хол байгаа хүн амьтан, эд юмсыг хэлэхэд хэрэглэдэг төлөөний үг.

Дүрмийн илэрхийлэл 문법 표현 연습

이 사람은 알리 씨입니다.	Энэ хүн бол Али юм.
저 사람은 한국어 선생님입니다.	Тэр хүн бол Солонгос хэлний багш.
그 식당은 맛있어요.	Тэр цайны газар нь амттай.
이 안경은 얼마예요?	Энэ нүдний шил хэд вэ?
우리 이 책을 읽어요.	Бүгдээрээ, энэ номын уншья.
저 커피숍에 갈까요?	Тэр кафе руу орох уу?
이 영화는 재미있어요.	Энэ кино сонирхолтой.

Бичих дадал 문법 활용 연습과 쓰기 연습

연습 1

Загварын дагуу асуултад хариулна уу.

다음을 보기와 같이 질문에 대답하세요.

> **보기**   ( ) / 가게 / 싸다 → <u>이</u> 가게<u>가</u> 싸<u>요</u>.

(1) ( ) / 식당 / 맛있다.   →

(2) ( ) / 만화책 / 재미있다   →

(3) ( ) / 가방 / 무겁다.   →

(4) ( ) / 영화 / 무섭다   →

(5) ( ) / 오렌지 / 주다   →

(6) ( ) / 빵 / 얼마   →

(7) ( ) / 사람 / 운전기사   →

(8) ( ) / 군인 / 제 친구   →

(9) ( ) / 병원 / 가다   →

(10) ( ) / 지도 / 한국 지도   →

(11) ( ) / 교과서 / 제 교과서   →

(12) ( ) / 분 / 우리 교수님   →

(13) ( ) / 볼펜 / 파란색   →

Дараах өгүүлбэрийг Солонгосоор орчуулна уу.
다음 문장을 한국어로 번역해서 쓰세요.

(1) Энэ сандал тухгүй байна.

→ _____

(2) Энэ хүн бол цагдаагийн ажилтан.

→ _____

(3) Тэр хоолны газрын хоол нь амттай бас хямдхан.

→ _____

(4) Тэр цүнх болон 2 ширхэг үзэг өгөөрэй.

→ _____

(5) Энэ гутал тэгээд тэр оймс ямар үнэтэй вэ?

→ _____

(6) Энэ хүн бол манай ангийн ангийн дарга юм.

→ _____

(7) Тэр биеийн тамирын зааланд сагс тоглодог.

→ _____

(8) Энэ ангид солонгос хэл сурч байсан.

→ _____

문법 4. A/V-네요

Дүрмийн тайлбар 문법 설명

- Үйл үг болон тэмдэг үйл үгийн үндсэнд залгана.

- Яригч хүн нь ямар нэгэн зүйл, үйлдлийг шинээр мэдэж авч гайхаж байгааг илэрхийлнэ. Мөн шинээр мэдэж авсан зүйлээ бусаддаа хэлэх, асуух үед ч гэсэ н энэ нөхцлийг хэрэглэнэ.

- Монгол хэлнээ (-х юм аа, - байх чинь, - байна шүү, юм байнлээ) гэсэн утгыг илэрхийлнэ.

- 살다, 만들다 зэрэг төгссөн үгэнд '네요' нөхцөлийг залгахдаа 'ㄹ' үсэг гээгдэж 사네요, 만드네요 гэж бичигдэнэ.

Дүрмийн илэрхийлэл 문법 표현 연습

한국에는 여름에 비가 많이 오네요.
→ Солонгост зун бороо их орох юм аа.

알리 씨가 한국어를 잘 하네요.
→ Али солонгосоор сайн ярьдаг юм байна.

몽골 학생들이 주말에 농구를 많이 하네요.
→ Монгол оюутнууд амралтын өдөр сагс их тоглодог юм байнлээ.

창신대학교 캠퍼스가 크고 경치가 아름답네요.
→ Чангшин их сургуулийнкампус нь том бөгөөд орчин ньүзэсгэлэнтэй юм аа.

시장에는 물건이 많고 가격이 정말 싸네요.
→ Зах дээр бараа ч их, үнэ нь ч хямдхан байна шүү.

Бичих дадал 문법 활용 연습과 쓰기 연습

연습 1

Загварын дагуу гүйцэтгээрэй.
다음을 보기와 같이 문장을 만드세요.

> **보기**   밖에 눈이 와요. → 밖에 눈이 <u>오네요</u>.

(1) 알리 씨가 오늘 학교에 안 왔어요. → _____

(2) 학교 앞에 119가 있어요.   → _____

(3) 다음주에 선생님이 결혼을 해요. → _____

(4) 내일 새벽에 공항에 가요.   → _____

(5) 금요일에 한국어 시험을 쳐요.   → _____

(6) 어제 그 가수를 봤어요.   → _____

(7) 길에서 지갑을 찾았어요.   → _____

(8) 이번 방학에 미국에 가요.   → _____

(9) 어제 수업이 일찍 마쳤어요.   → _____

(10) 토픽 3급에 합격했어요.   → _____

(11) 몽골 날씨가 정말 추워요.   → _____

(12) 갈비탕이 정말 맛있어요.   → _____

(13) 공연이 재미있었어요.   → _____

(14) 친구가 병원에 입원했어요.   → _____

(15) 저는 카자흐어를 잘 해요.   → _____

Загварын дагуу асуултад хариулна уу.

다음을 보기와 같이 질문에 대답하세요.

보기	방이 어때요? → 방이 크고 밝네요.

---

(1) 오늘 날씨가 어때요? → _____

(2) 김치찌개가 어때요? → _____

(3) 이 가방이 어때요? → _____

(4) 영화관에 사람이 많아요? → _____

(5) 지금 한국이 더워요? → _____

(6) 몽골 음식이 어때요? → _____

(7) 어제 아르바이트가 어땠어요? → _____

(8) 백화점이 어때요? → _____

(9) 시험 공부를 많이 했어요? → _____

(10) 한국 사람들이 어때요? → _____

(11) 오늘 첫 출근이 어땠어요? → _____

(12) 기숙사가 마음에 들어요? → _____

Дараах өгүүлбэрийг Солонгосоор орчуулна уу.
다음 문장을 한국어로 번역해서 쓰세요.

(1) Маргааш бороо орох юм байна шүү.

→ _____

(2) Оюутнууд өчигдөр их ядарсан байнлээ.

→ _____

(3) Алигийн найзууд бүгд нуруулаг юм байнлээ.

→ _____

(4) Цүнх чинь хөөрхөн бас хөнгөн юм аа.

→ _____

(5) Энэ камераа хямдхан бас авсаархан юм.

→ _____

(6) Солонгос хэл хүнд байна шүү.

→ _____

(7) Оюутнууд ангийн цэвэрлээлгээг маш сайн хийсэн байна шүү.

→ _____

(8) Энэ номыг үнэхээр сайн бичсэн байна шүү.

→ _____

Мэдлэгээ бататгая 자기 평가하기

- 8-р хичээл дээр судалсан дүрмээ хэр сайн ойлгож авснаа шалгаарай.
  제8과에서 배운 문법들을 얼마나 이해했는지 확인해 보세요.
- Дараах дүрмийн дагуу өгүүлбэр зохиож бичээд багшдаа хянуулаарай.
  다음 문법을 사용해서 문장을 만들고 교수님께 검토 받으세요.

V-(으)ㄹ까요?

(1) →

(2) →

(3) →

'ㄷ' 불규칙

(1) →

(2) →

(3) →

이[그, 저] N

(1) →

(2) →

(3) →

A/V-네요

(1) →

(2) →

(3) →

어휘색인

한국어 → 몽골어

학생	оюутан, сурагч	나비	эрвээхий
선생님	багш	구두	гутал
몽골	Монгол	바다	далай
사람	хүн	노래	дуу
의사	эмч	연필	харандаа
회사원	компанийажилтан	카자흐스탄	Казахстан
한국	Солонгос	한국어	Солонгос хэл
대학교	их сургууль	외국인	гадаад хүн
우유	сүү	유학생	гадаад оюутан
모자	малгай	시장	зах
바지	өмд	교실	анги, танхим
사과	алим	식당	хоолны газар
시계	цаг	병원	эмнэлэг
의자	сандал	우체국	шуудангийн газар
딸기	гүзээлзгэнэ	편의점	дэлгүүр
지갑	түрийвч	은행원	Банкны ажилтан
일본	Япон	학생증	оюутны үнэмлэх
요리사	тогооч	토마토	улаан лооль
프랑스	Франц	러시아	Орос
영국	Их Британи	말레이시아	Малайз
친구	найз	중국	Хятад
주부	гэрийн эзэгтэй	운전기사	жолооч
기숙사	дотуур байр	커피	кофе
대사관	элчин сайдын яам	사전	толь бичиг
지우개	баллуур	이름	нэр

칠판	самбар	공무원	төрийн албан хаагч
과자	жигнэмэг	소방관	гал сөнөөгч
가위	хайч	직업	мэргэжил
우산	шүхэр	남자	эрэгтэй
가방	цүнх	우리	бид
컴퓨터	компьютер	여자	эмэгтэй
군인	цэрэг	독일	Герман
교수	профессор	물	ус
경찰	цагдаа	강아지	гөлөг
간호사	сувьлагч	화장실	ариун цэврийн өрөө
가수	дуучин	백화점	их дэлгүүр
노래방	караоке	목요일	пүрэв гариг
서점	номын дэлгүүр	닭고기	тахианы мах
비행기	онгоц	창문	цонх
텔레비전	зурагт	집	гэр
책	ном	고향	төрсөн нутаг
변호사	өмгөөлөгч	동생	дүү
아버지	аав	초등학생	бага ангийн сурагч
어머니	ээж	미국	Америк
이모	нагац эгч	영화	кино
강의실	анги, танхим	배우	жүжигчин
베트남	Вьетнам	오렌지	жүрж
휴대폰	гар утас	약국	эмийн сан
택시	такси	과일	жимс
물통	усны сав	수박	тарвас

공책	дэвтэр	휴지	ариун цэврийн цаас
책상	ширээ	열쇠	түлхүүр
냉장고	хөргөгч	신분증	иргэний үнэмлэх
돈	мөнгө	손수건	гарын алчуур
카메라	камер	방	өрөө
안경	харааны шил	지도	газрын зураг
옷	хувцас	가족	гэр бүл
가게	дэлгүүр	사진	зураг
은행	банк	전자사전	электрон толь бичиг
그림	зураг	자	шугам
질문	асуулт	교통카드	тээврийн карт
여권	гадаад паспорт	자동차	машин
볼펜	үзэг	귀걸이	ээмэг
반지	бөгж	박스	хайрцаг
사탕	чихэр	물티슈	Нойтон салфетка
바나나	гадил	면도기	сахлын машин
탁자	явган ширээ	마스크	маск
꽃	цэцэг	장갑	бээлий
축구	хөл бөмбөг	수첩	тэмдэглэлийн дэвтэр
공	бөмбөг	달력	хуанли
신문	сонин	거울	толь
녹차	ногоон цай	현금	бэлэн мөнгө
모니터	монитор	계산기	тооны машин
화이트보드	самбар (цагаан)	슬리퍼	гэрийн шаахай
빔프로젝터	проектор	명함	нэрийн хуудас
손목시계	бугуйн цаг	전화번호	утасны дугаар
읽기 책	Унших ном	충전기	цэнэглэгч
버스	автобус		

빵	талх	좋다	гоё, сайхан
강	гол, мөрөн	날씨	Цаг агаар
기자	сэтгүүлч	가다	явах
휴게실	амралтын өрөө	자다	унтах
소고기	үхрийн мах	보다	харах, үзэх
문	хаалга	오다	ирэх
형	ах	앉다	суух
극장	кино театр	살다	амьдрах
여행	Аялал	없다	байхгүй байх
먹다	идэх	있다	байх
읽다	унших	문장	өгүүлбэр
재미있다	сонирхолтой	운동	дасгал
입다	өмсөх	잠	нойр
배우다	сурах	목욕하다	усанд орох
마시다	уух	주다	өгөх
보내다	илгээх	전화하다	утсаар залгах
하다	хийх	이를 닦다	шүдээ угаах
공부하다	хичээл хийх	지하철	метро
일하다	ажил хийх	태권도	таеквандо
작다	жижиг	주스	жүүс
많다	их	편지	захиа
적다	бага, цөөн	보내다	илгээх

도서관	номын сан	숙제하다	даалгавар хийх
영어	англи хэл	세수하다	нүүрээ угаах
버스를 타다	автобусанд суух	이야기하다	ярилцах
라면	бэлэн гоймон	요리하다	хоол хийх
코트	хүрэм	만나다	уулзах
운동장	спортын талбай	사진을 찍다	зураг дарах
미용실	үсчний газар	밥	хоол
손	гар	좋아하다	дуртай
씻다	угаах	싫어하다	дургүй
체육관	спорт заал	사다	худалдаж авах
농구하다	сагс тоглох	게임하다	тоглоом тоглох
봉사	сайн дурын ажил	무엇	юу
어디	хаана?	만들다	хийх, бүтээх
배구	гар бөмбөг	환전하다	валют солих
산책하다	салхилах	공항	нисэх онгоцны буудал
쉬다	амрах	사용하다	хэрэглэх, ашиглах
담배	тамхи	청소하다	цэвэрлэгээ хийх
담배를 피우다	тамхи татах	타다	унах, суух
생일	төрсөн өдөр	닫다	хаах
파티	үдэшлэг	선물	бэлэг
가르치다	заах	받다	авах
찾다	хайх, олох	아르바이트	цагийн ажил

시내	хотын төв	시청	хотын захиргаа
아파트	орон сууц	엘리베이터	цахилгаан шат
남산타워	Намсан цамхаг	마트	худалдааны т
커피숍	кофешоп, кафе	세면대	угаалтуур
휴게소	түр амрах газар	헬스장	фитнес заал
버스 정류장	автобусны буудал	고양이	муур
쓰레기통	хогийн сав	구경하다	үзэж сонирхох
콜라	кола	다니다	ирж очих, явах
김치	кимчи	선수	тамирчин
사무실	албан тасалгаа, оффис	침대	ор
공원	цэцэрлэгт хүрээлэн	수영장	усан сан
손님	Зочин	층	барилгын давхар
앞	урд, өмнө	건너편	цаад тал
옆	хажууд, дэргэд	맞은편	эсрэг тал
뒤	ард, хойно	똑바로	чигээрээ
아래	доор	쭉	чигээрээ
안	дотор	동	зүүн
밖	гадна, гадаа	서	баруун
위	дээр	남	өмнөд, урд
사이	дунд, хооронд, завсар	북	умард, хойд
왼쪽	зүүн тал	밑	доор
오른쪽	баруун тал	양쪽	хоёр тал

주말	амралтын өдөр	점심	өдөр
회의	хурал	읽다	унших
시험	шалгалт	시작하다	эхлэх
시험을 치다	шалгалт өгөх	부모님	эцэг, эх
다음 달	дараа сар	출근하다	ажилдаа явах
이번 주	энэ 7 хоног	퇴근하다	ажлаасаа тарах
내일	Маргааш	졸업하다	төгсөх
모레	нөгөөдөр	앉다	суух
이사하다	нүүх	그저께	уржигдар
등산하다	ууланд авирах	샤워하다	шүршүүрт орох
약속	болзоо, уулзалт	차	цай
올해	энэ жил	컵	аяга
입학하다	сургуульд элсэх	쇼핑하다	дэлгүүр хэсэх
졸업식	төгсөлтийн баяр	표	тасалбар
학원	дугуйлан	같이	хамт
수영	усанд сэлэлт	만화	комик зураг, ном
크리스마스	зул сарын баяр	편지	захиа
케이크	бялуу	답장	захидлын хариу
여자 친구	найз охин	먼저	эхлээд
지금	одоо	양치하다	шүдээ угаах
일어나다	босох	스키	цана
아침	өглөө	스키를 타다	цанаар гулгах
아이스크림	мөхөөлдөс	방학	амралт
화장	нүүрний будаг	돼지 고기	гахайн мах
지우다	арилгах	드라마	цуврал, драм
준비하다	бэлтгэх	신문	сонин
정리하다	эмхлэх, цэгцлэх	소설	роман, тууж
돌아가다	буцаж явах	직접	шууд, өөрөө
공기	агаар	운전하다	жолоо барих

티셔츠	подвоолк	필요하다	хэрэгтэй
날씨	Цаг агаар	행복하다	аз жаргалтай
깨끗하다	цэвэрхэн	높다	өндөр
비싸다	үнэтэй	운동화	Пүүз
싸다	хямд	조용하다	чимээгүй, нам жим
멋있다	догь, чамин, гоё	쌀쌀하다	сэрүүн, хүйтэвтэр
복잡하다	эмх замбараагүй, бужигнасан	흐리다	бүрхэг, бараан
편하다	тухтай, амар, хялбар	밝다	гэгээтэй
불편하다	тухгүй, амар хялбар биш	돈가스	гахайн махан котлет
친절하다	ээлдэг, найрсаг	길	зам
피곤하다	ядрах	겨울	өвөл
힘들다	хэцүү	불고기	бүлгуги, амталж шарсан мах
동안	хооронд, турш	신발장	гутлын тавиур
대답하다	хариулах	구두	гутал
여러분	та нар, та бүхэн	만화책	комик ном
번역하다	орчуулах	예약하다	урьдчилан захиалах
열심히	хичээнгүйлэн	귤	жүрж
듣기	сонсох	햄버거	гамбургер
연습	дадлага, сургуулилт	정수기	ус цэвэршүүлэгч
식사하다	хооллох	아쿠아리움	аквариум
꼭	заавал	물고기	загас
따뜻하다	дулаахан	하루	нэг өдөр
흡연실	тамхи татдаг өрөө	인분	хүний

맵다	халуун ногоотой	시끄럽다	чимээ шуугиантай
춥다	хүйтэн	더럽다	бохир
어렵다	хэцүү	차갑다	хүйтэн
덥다	халуун	공포 영화	аймшгийн кино
경치	байгалийн үзэмж	인형	хүүхэлдэй
아름답다	үзэсгэлэнтэй	맑다	цэлмэг
시험	шалгалт	편리하다	амар, таатай
쉽다	амархан	매일	өдөр бүр
정말	үнэхээр, маш их	삼촌	авга, нагац ах
고맙다	баярлах, талархах	농구장	сагсны талбай
즐겁다	хөгжилтэй	물건	бараа, эд зүйл
가깝다	ойрхон	상담	зөвлөгөө
가볍다	хөнгөн	비행기	онгоц
무겁다	хүнд	내리다	буух
반갑다	уулзсандаа таатай байх	헬스장	бялдаржуулах газар
귀엽다	эгдүүтэй	요가	иог
두껍다	зузаан	가격	үнэ
무섭다	аймаар, аймшигтай	품질	чанар
아깝다	хайран, харамсалтай	어둡다	харанхуй

제주도	Жежү арал	파란색	цэнхэр өнгө
고깃집	махны газар	비가 오다	бороо орох
고등학교	ахлах сургууль	캠퍼스	кампус
빌려주다	зээлүүлэх	결혼하다	хурим хийх
열다	нээх, онгойлгох	시험 치다	шалгалт өгөх
마르다	хатах, цангах	일찍	эрт
밖	гадна тал, гадаа	마치다	дуусах, дуусгах
걷다	алхах	합격하다	тэнцэх
듣다	сонсох	공연	тоглолт
묻다	асуух	입원하다	эмнэлэгт хэвтэх
닫다	хаах	카자흐어	Казах хэл
믿다	итгэх	마음에 들다	сэтгэлд нийцэх
다리	гүүр	영화관	кино театр
뉴스	мэдээ	음식	хоол
교과서	сурах бичиг	첫	эхний, анхны
볼펜	үзэг, бал	첫 출근	ажлын эхний өдөр

어휘색인

몽골어 → 한국어

제1과 Хичээл 1 үгсийн сангийн индекс

эм зүйч	약사	сэтгүүлч	기자
Үзэгний сав	필통	бид	우리
нотебүүк	노트북	орчуулагч	통역사
энэтхэг	인도	хаалга	문
орон сууц	아파트	радио	라디오
газрын зураг	지도	ор	침대

제2과 Хичээл 2 үгсийн сангийн индекс

ундаа	음료수	буйдан	소파
Цагдаагийн газар	경찰서	халбага	숟가락
Гэрийн утас	휴대전화	шүдний сойз	칫솔
гэр бүл	가족	шампунь	샴푸
зураг	사진	хайч	가위
будаа	쌀, 밥	хутга	칼
ногоо	채소	хүзүүний зүүлт	목걸이
бэлэн хоол	도시락	усан завь	배
саван	비누	давс	소금
хөнжил	이불	бөмбөг	공
алчуур	수건	шоколад	초콜릿
цэнэглэгч	충전기	уут	봉투
зоос	동전		

제3과   Хичээл 3 үгсийн сангийн индекс

Үсчин	미용사	төв талбай	광장
сэрээ	포크	галуу	거위
морь	말	Пицца	피자
үхэр	소	дугуй	자전거
зочид буудал	호텔	гар	손
туулай	토끼	хурал	회의
тоглоом тоглох	게임하다	нүүрээ угаах	세수하다

제4과   Хичээл 4 үгсийн сангийн индекс

канон	복사기	индүү	다리미
цэцэрлэг	유치원	шүхэр	우산
амьтны хүрээлэн	동물원	Тоглоомын газар	놀이동산
спортын талбай	운동장	Сүхбаатарын талбай	수흐바타르 광장
гэр хороолол	주택	Улаанбаатар	올란바타르
интернет кафе	pc방	хог	쓰레기
зогсоол	주차장	гал тогоо	부엌
монгол таун	몽골타운	музей	박물관
хатаагч	드라이어	маркет	마켓

제5과   Хичээл 5 үгсийн сангийн индекс

Топик шалгалт	토픽 시험	талхны газар	빵집
тэмцээн	대회	уйлах	울다
оролцох	참여하다	шалгалт өгөх	시험을 치다
Цагаан сар	설날		

제6과 Хичээл 6 үгсийн сангийн индекс

зураг зурах	그림 그리다	тухтай	편하다
ачаа	짐	хүйтэн гоймон	냉면
Сарнай цэцэг	장미꽃	Жантай гоймон	짜장면
1 баглаа	한 송이	царайлаг	멋있다
эд зүйлс	물건	бильярдны газар	당구장

제7과 Хичээл 7 үгсийн сангийн индекс

бохир	더럽다	өндөг	계란
өхөөрдөм	귀엽다	автомат	자동
халуун ногоотой	맵다	чийглэг	습하다
турах	살 빠지다	ухаалаг	똑똑하다
бэлэн мөнгө	현금	тусархаг	친절하다
адал явдалтай кино	액션 영화	хөөрхөн	예쁘다
шугам	자	хурдан	빠르다
хүүхдийн парк	놀이공원	авсаархан	편하다

제8과 Хичээл 8 үгсийн сангийн индекс

хуудас	쪽, 페이지	сүүлийн үед	요즘
хүлээх	기다리다	асуух	물어보다
суудал	자리	ойлгох	이해하다
теннис	테니스	ангийн дарга	반장
Толгой өвдөх	머리가 아프다	бичих	쓰다
эм	약